DR. OETKER

BISTRO

ESSEN, TRINKEN & MEHR

SWEET
de Ladoucette au

DR. OETKER

BISTRO

ESSEN, TRINKEN & MEHR

REZEPTE VON HARALD SCHMITT

FOTOS VON NORBERT TOELLE

CERES

BISTRO

Bistro, das sind bunt karierte Tischdecken auf blankgescheuerten Holztischen, Rotwein in dickwandigen Gläsern und Baguette, einfache, aber raffinierte Gerichte mit französischem Charme. Doch Bistro ist heute noch mehr und aus unserem Alltag kaum mehr wegzudenken.

Harald Schmitt, der Chef der Gastronomie im Nassauer Hof in Wiesbaden, hat über 80 Rezepte zusammengestellt von Coq au vin und Vitello tonnato bis zu Chili con carne.

Ein wichtiger Aspekt bei der Bistro-Küche ist die Schnelligkeit bei der Zubereitung, aber auch gut schmecken sollen die Gerichte. Manchmal erreicht man die Schnelligkeit dadurch, daß man das Gericht oder Teile davon vorbereitet. Manchmal haben die Gerichte eine längere Garzeit, aber sie machen nicht viel Arbeit, da sie vor sich hinkochen.

Damit Sie gleich zu Beginn des Rezeptes wissen, was auf Sie zukommt, haben wir Vorbereitungs- und Zubereitungszeit direkt an den Anfang des Rezeptes gestellt.

In acht Kapiteln wollen wir Ihnen zeigen, wie einfach es ist, sein eigenes Bistro zu Hause zu eröffnen und jederzeit für Freunde und für die Familie etwas Schmackhaftes auf den Tisch zu bringen.

Die Kapitel Salate & Vorspeisen, Suppen & Eintöpfe, Fisch, Fleisch, Geflügel, Kartoffeln & Gemüse, Desserts & Käse und Sandwiches & Baguettes bringen Altbekanntes und neu Bewährtes. Salate und Suppen sind dabei so ausgewählt, daß sie auch als Hauptgericht serviert werden können und auch für den kleinen Hunger finden Sie etwas im Kapitel Sandwiches & Baguettes.

INHALT

Salate und Vorspeisen sind der Start ins Vergnügen eines leckeren Mahls. Oft geht es uns mit ihnen wie mit der Vorfreude, sie sind das schönste vom Ganzen. So können die hier vorgestellten Rezepte auch durchaus das Hauptgericht ersetzen.

SALATE & VORSPEISEN

CALIFORNIA-SALAT

Vorbereitung: 35 Min.
Zubereitung: 15 Min.

200 g verschiedene Blattsalate, nach Angebot und eigenem Geschmack, z. B. Frisée, Rucola, Lollo rosso, Löwenzahn, Portulak usw.
100 g Früchte, z.B. Orangenfilets, Erdbeeren, Himbeeren, Tamarillos, Melonenspalten, Pfirsiche
100 g Gemüse, wie Zuckerschoten, grüner Spargel, weißer Spargel, junge Möhren, Frühlingszwiebeln

Für das Dressing:

1 Frühlingszwiebel
1 TL Sesamöl
3 EL Olivenöl
2 Tropfen Kürbiskernöl
1 EL Himbeeressig
1 EL Sherryessig
Salz
1 Prise Zucker
frisch gemahlener Pfeffer
2 EL Pinienkerne
Basilikumblätter
Kerbelblättchen
Estragonblättchen

80 g Lachsfilet
80 g Red-Snapper-Filet
Fleisch von 4 großen Jakobsmuscheln
4 Scampi
Salz
frisch gemahlener Pfeffer
2 EL Olivenöl

1. Salate putzen, waschen und gut trocken schleudern.

2. Früchte ebenfalls waschen und je nach Frucht in Spalten schneiden, filetieren oder ganz verwenden.

3. Gemüse putzen, waschen und kurz in kochendem Salzwasser blanchieren und in Eiswasser abschrecken.

4. Für das Dressing Frühlingszwiebel putzen, waschen, abtropfen lassen und in feine Ringe schneiden, mit Essig und Öl vermischen und mit Salz, Zucker und Pfeffer würzen.

5. Gemüse darin 3 Minuten marinieren und dann mit den Blattsalaten zusammenmischen.

6. Pinienkerne in einer heißen Pfanne goldbraun rösten und mit den frisch geschnittenen Kräutern unter den Salat mischen.

7. Salat auf Tellern verteilen und mit den Früchten garnieren.

8. Fischfilets unter fließendem kaltem Wasser abspülen, trockentupfen, würzen und in einer Pfanne in Olivenöl kurz braten und noch heiß um den Salat legen und servieren.

T!P **Tamarillos werden auch Baumtomaten genannt. In Größe und Form ähneln sie braunroten Pflaumen, die an beiden Seiten spitz zulaufen. Ihr Geschmack ist säuerlich, an Tomaten erinnernd.**

T!P **Red Snapper kann durch einen anderen festfleischigen, weißen Fisch ersetzt werden.**

RUCOLASALAT MIT ZIEGENKÄSE-CROÛTONS

Vorbereitung: 10 Min.
Zubereitung: 10 Min.

1/4 Baguette
4 EL Olivenöl zum Braten
2 frische Ziegenkäse (Crotin de chavignol, frisch, nicht zu stark gereift)
180 g junger Rucolasalat

Für das Dressing:

2 EL kaltgepreßtes Olivenöl
1 EL Walnußöl
1 EL Rotweinessig
1 EL alter Aceto balsamico
1/2 TL mittelscharfer Senf
Salz
frisch gemahlener Pfeffer
1 Prise Zucker

1. Baguette in 1/2 cm dicke Scheiben schneiden. In einer heißen Pfanne in Olivenöl von beiden Seiten kroß braten und wieder auskühlen lassen.

2. Ziegenkäse in Scheiben schneiden und die Baguettescheiben damit belegen.

3. Rucolasalat waschen und abtropfen lassen.

4. Für das Dressing Öl, Essig, Senf, Salz, Pfeffer und Zucker verrühren und den Rucolasalat damit marinieren.

5. Ziegenkäsecroûtons im vorgeheizten Backofen nur bei Oberhitze oder unter dem Grill goldbraun überbacken.

6.. Rucolasalat auf Tellern anrichten und die Ziegenkäsecroûtons darauf verteilen.

T!P Um dieses Gericht etwas reichhaltiger zu machen, kann man noch einige Scheiben Parmaschinken oder Bressaola dazulegen.

VERLORENE EIER AUF LÖWENZAHN-SALAT MIT SPECK

Vorbereitung: 20 Min.
Zubereitung: 15 Min.

250 g gelber Löwenzahnsalat
60 g durchwachsener Speck
1 l Wasser
3 EL Essig
8 Eier

Für das Dressing:

2 EL Traubenkernöl
1 EL Kürbiskernöl
2 EL Aceto balsamico
Salz
frisch gemahlener Pfeffer
1 Prise Zucker
1 abgezogene Schalotte, fein gewürfelt
4 EL Crème fraîche
2–3 EL Milch
1 Bund Schnittlauch
Cayennepfeffer
Kerbelblättchen zum Garnieren

1. Löwenzahnsalat putzen, in lauwarmem Wasser waschen.

2. Speck in Streifen schneiden und in einer heißen Pfanne kroß ausbraten.

3. Wasser mit Essig zum Kochen bringen (nicht salzen!). Die Eier einzeln in einer Kelle aufschlagen, vorsichtig in das kochende Wasser geben (bei Gas die Flamme klein stellen, bei Strom die Kochplatte auf Stufe 0 stellen). Nach 3–4 Minuten die wachsweichen Eier herausnehmen, in Eiswasser kurz abschrecken und anschließend auf einem Tuch abtropfen lassen. Eier evtl. zu einer hübschen Form beschneiden.

4. Für das Dressing Öl, Essig, Salz, Pfeffer, Zucker und Schalottenwürfel verrühren und den Löwenzahnsalat damit marinieren.

5. Die ausgelassenen Speckstreifen dazugeben und den Salat auf Tellern verteilen.

6. Crème fraîche mit Milch glattrühren und mit Salz und Cayennepfeffer abschmecken. Schnittlauch abspülen, trockentupfen, in Röllchen schneiden und hinzufügen.

7. Je 2 Eier auf die Teller mit dem Löwenzahnsalat geben, salzen und vorsichtig mit der Schnittlauchsauce überziehen. Mit Kerbelblättchen garnieren.

TIP Besser als der gezüchtete weiße Löwenzahnsalat schmeckt der wilde, selbstgesuchte. Aber nur die jungen gelben Blätter verwenden.

HIRSESALAT MIT GEBRATENEN RIESENGARNELEN

Vorbereitung: 25 Min.
Zubereitung: 45 Min.

160 g Hirse
320 ml Wasser
Salz
einige Safranfäden
20 g Rosinen
2 EL Leinöl
15 g Pinienkerne
1 Frühlingszwiebel
10 Blätter Minze
Cayennepfeffer

12 Riesengarnelen
frisch gemahlener Pfeffer
2 EL Olivenöl zum Braten

Für die Sauce:

1 kleine Dose Tomaten in Würfeln
5 g geschälten, feingewürfelten Ingwer
1 Messerspitze gemahlener Chili
2 EL Zucker
1 TL Estragonessig
evtl. etwas kalte Butter

1. Hirse in einem flachen Topf mit Wasser, Salz und Safranfäden zum Kochen bringen und unter ständigem Rühren langsam etwa 15 Minuten köcheln lassen.

2. Kurz bevor alles Wasser verdampft ist, die Rosinen hinzufügen. Wenn alles Wasser verkocht ist, ist die Hirse gar.

3. Die Hirse aus dem Topf in eine Schüssel geben, das Leinöl unterrühren und abkühlen lassen.

4. Pinienkerne in einer Pfanne ohne Fett braun rösten und zu der Hirse geben.

5. Frühlingszwiebel putzen, waschen, abtropfen lassen und in feine Ringe schneiden. Minzeblätter abspülen, trockentupfen, in Streifen schneiden und mit den Frühlingszwiebelringen unter die Hirse mischen. Mit Salz und Cayennepfeffer abschmecken.

6. Riesengarnelen schälen. Mit einem spitzen Messer an der Rückseite des Schwanzes vorsichtig einschneiden und den schwarzen Darm entfernen, kurz abspülen und trockentupfen.

7. Riesengarnelen mit Salz und Pfeffer würzen und in Olivenöl in einer Pfanne kurz braten. Die Riesengarnelen aus den Pfanne nehmen und warm stellen.

8. Für die Sauce den Bratensatz mit Tomatenwürfeln ablöschen. Ingwer, Chili, Zucker und Estragonessig zugeben und die Sauce auf die gewünschte Konsistenz einkochen. Die Sauce evtl. mit etwas kalter Butter binden.

9. Den Hirsesalat jeweils in die Mitte eines Tellers geben. Drei Tupfen der Tomatensauce sternförmig darum verteilen und jeweils eine Riesengarnele aufsetzen.

T!P **Sehr gut schmeckt es, wenn noch einige fritierte Minzeblätter dazu gegeben werden.**

GERÄUCHERTE ENTENBRUST AUF PORREESALAT

Vorbereitung: 25 Min.
Zubereitung: 10 Min.

1 kräftige Stange Porree (Lauch)

Für die Vinaigrette:

2 EL Nußöl
2 EL Traubenkernöl
2 EL Himbeeressig
2 TL Aceto balsamico
Zucker
Salz
frisch gemahlener Pfeffer

2 Tamarillos oder Baumtomaten
60 g Löwenzahnsalat und Spinatsalat (oder anderen verfügbaren Salat)
1 geräucherte Entenbrust, etwa 300 g

1. Porree putzen, waschen und in 1/2 cm starke Ringe schneiden. Ganz kurz in Salzwasser blanchieren und in Eiswasser abschrecken.

2. Öle und Essige vermischen, mit Salz, Pfeffer und Zucker würzen.

3. Porreeringe mit etwas Vinaigrette marinieren und einige Minuten durchziehen lassen.

4. Tamarillos schälen und in Scheiben schneiden.

5. Porreeringe und Tamarilloscheiben kreisförmig auf die Tellermitte legen. Salate putzen, waschen, gut abtropfen lassen oder trockenschleudern, mit restlicher Vinaigrette marinieren und dazwischenstecken.

6. Entenbrust in Scheiben schneiden und sternförmig dazwischenlegen.

T!P **Sie können statt der geräucherten Entenbrust auch gebratene Barberieentenbrust verwenden.**

PROVENÇALISCHER GEMÜSESALAT MIT GEBACKENEN SEETEUFEL-BÄCKCHEN

Vorbereitung: 25 Min.
Zubereitung: 30 Min.

100 g Zucchini
1 rote Paprikaschote
1 grüne Paprikaschote
2 Fleischtomaten
100 g Auberginen
4 EL Olivenöl zum Anbraten
1 abgezogene Schalotte
1 abgezogene, kleine Knoblauchzehe
1 kleiner Rosmarinzweig
Salz
frisch gemahlener Pfeffer

6–8 Blätter Basilikum
2 EL kaltgepreßtes Olivenöl
1 EL Aceto Balsamico

360 g Seeteufelbäckchen oder Lottefilet
Saft von 1/2 Zitrone
Weizenmehl
1 Ei
40 g Semmelbrösel
40 g geriebener Parmesan
2 EL Butterschmalz
gebackene Blattpetersilie

1. Gemüse putzen, waschen. Tomaten und Paprika blanchieren, in Eiswasser abschrekken und enthäuten. Das Gemüse getrennt nach Sorten in etwa 7 mm große Würfelchen schneiden.

2. Auberginenwürfel in heißem Olivenöl in einer Pfanne braun braten, aus der Pfanne nehmen und beiseite stellen.

3. Restliches Olivenöl in die Pfanne geben. Schalotten- und Paprikawürfel mit der kleingeschnittenen Knoblauchzehe und dem Rosmarinzweig farblos andünsten. Die Zucchiniwürfel erst zwei Minuten später zugeben und ebenfalls kurz mit andünsten. Zum Schluß das Tomatenfleisch hinzufügen und mit Salz und Pfeffer würzen. Das Gemüse dünsten, bis alle Flüssigkeit verdampft ist. Die Pfanne vom Herd nehmen und das Gemüse erkalten lassen.

4. Basilikumblätter abspülen, trockentupfen und in Streifen schneiden. Den Rosmarinzweig aus dem Gemüse nehmen und das Gemüse mit Olivenöl, Aceto Balsamico und Basilikumstreifen vermischen. Evtl. nochmals mit Salz und Pfeffer abschmecken.

5. Seeteufelbäckchen oder Lottefilet unter fließendem kaltem Wasser abspülen, trockentupfen, mit Salz, Pfeffer und Zitronensaft würzen. Mit Mehl bestäuben, durch verquirltes Ei ziehen. Semmelbrösel und Parmesan mischen und die Seeteufelbäckchen darin wälzen.

6. Butterschmalz in einer Pfanne erhitzen und die Seeteufelbäckchen darin goldbraun braten, herausnehmen und auf Küchenpapier abtropfen lassen.

7. Ausstecher (ø 10 cm) auf den Teller legen, den Salat einfüllen, den Ausstecher vorsichtig abheben und die Seeteufelbäckchen anlegen. Mit gebackener Petersilie garnieren.

T!P **Seeteufelbäckchen gibt es nur in sehr gut sortierten Fischgeschäften zu kaufen. Sie können statt dessen auch Lottefilet oder Seezunge verwenden und in kleine Stücke schneiden.**

ASIATISCHER NUDELSALAT MIT MEERESFRÜCHTEN

Vorbereitung:15 Min.
Zubereitung: 15 Min.

150 g feine, getrocknete asiatische Eiernudeln
1 kleine Frühlingszwiebel
1/2 rote Paprikaschote, in Olivenöl eingelegt
1/4 abgezogene Knoblauchzehe
Salz
einige frische Korianderblätter
2 EL Sojasauce
1 EL Sesamöl
1 TL schwarze Sesamsamen
1 Messerspitze Sambal Oelek
380 g Meeresfrüchte, z. B. Crevetten, Jakobsmuscheln, Miesmuscheln, Tintenfischringe, pochierte Fischfilets
Chicoréespitzen
Jakobsmuschelschalen

1. Nudeln nach Packungsanleitung in siedendem Salzwasser gar kochen, abgießen und mit kaltem Wasser abschrecken. Gut abtropfen lassen.

2. Frühlingszwiebel putzen, waschen, gut abtropfen lassen und in dünne Ringe schneiden.

3. Paprika in feine Würfel schneiden.

4. Knoblauchzehe mit einer Prise Salz mit einer Messerklinge zerdrücken.

5. Korianderblätter abspülen, trockentupfen und in feine Streifen schneiden.

6. Sojasauce, Sesamöl, Sesamsamen und Sambal Oelek verrühren und die Nudeln und das Gemüse damit marinieren.

7. Meeresfrüchte unterheben und kurze Zeit durchziehen lassen.

8. Die Nudeln mit einer Fleischgabel aufdrehen und in ausgespülten Jakobsmuschelschalen oder auf Fischtellern anrichten. Mit Chicoréespitzen und einigen Meeresfrüchten garnieren.

TIP

Wenn Sie keine eingelegte Paprikaschote bekommen, sollten Sie eine frische putzen, entkernen und enthäuten.

TIP

Meeresfrüchte gibt es auch als tiefgefrorene Mischung. Sie sollten nach dem Auftauen aber mit Wasser abgespült werden. Nach dem Abtropfen die Meeresfrüchte mit etwas Weißwein beträufeln und in einem Topf vorsichtig erwärmen, aber nicht kochen lassen.

ANGEL ON HORSEBACK

Überbackene Austern

Vorbereitung: 20 Min.
Zubereitung: 30 Min.

Für das Tomatenketchup:

250 g reife Flaschentomaten (oder Tomaten aus der Dose, sie haben evtl. einen intensiveren Geschmack und Färbung)
100 g rote Paprikaschote
60 g Schalotten
1 Chilischote
90 ml Rotweinessig
10 g Salz
50 g Zucker
1 EL Sojasauce
1 TL Paprika, rosenscharf
1 Lorbeerblatt
20 g Speisestärke
2 EL Weißwein

24 Imperialaustern
12 hauchdünne Scheiben geräucherter Bauchspeck
60 g Gartenkresse
grobes Meersalz

1. Für das Tomatenketchup Tomaten in Würfel schneiden, mit dem geputzten, gewaschenen und fein gewürfelten Gemüse und den übrigen Zutaten zusammen in einen Topf geben und etwa 20 Minuten einkochen lassen.

2. Speisestärke mit kaltem Weißwein glattrühren und unter ständigem Rühren in die Tomatenmasse geben. Die Masse durch ein Haarsieb streichen und kalt stellen.

3. Die Austern öffnen und aus der Schale entfernen. Den Bart der Austern entfernen und das Fleisch mit Küchenpapier vorsichtig trockentupfen.

4. Die Speckscheiben halbieren und jeweils eine Auster mit einem Stück Speck umwickeln. Mit einem Zahnstocher durchstechen, damit sich der Speck beim Braten nicht aufrollt.

5. Austernunterschalen unter fließendem Wasser ausbürsten und trocknen. Unterschale mit gewaschener, trockengetupfter Kresse ausfüllen und auf einem Teller mit einem Sockel aus grobem Meersalz anrichten. Tomatenketchup dazu reichen.

GEBACKENES KALBSBRIES MIT ARTISCHOCKEN-REMOULADE

Vorbereitung: 25 Min., ohne Wässern des Kalbsbries
Zubereitung: 70 Min.

2 Kalbsbries à 150 g
1 abgezogene Zwiebel
1 Lorbeerblatt
1 Nelke
Salz
1 Schuß Essig
frisch gemahlener Pfeffer
Zitronensaft

Für die Panade:

2 EL Weizenmehl
1 Ei
Semmelbrösel
100 g Butter zum Braten

4 große Artischockenböden
2 Zitronen

Für die Artischockenremoulade:

2 Eigelb
1 Messerspitze Senf
1 EL Zitronensaft
100 ml Olivenöl
1 cl Cynar (Artischockenschnaps)
Cayennepfeffer
8 Kapern
2 Cornichons
20 g geschnittene Blattpetersilie

1. Das Kalbsbries in kaltem Wasser einen Tag wässern, bis es nicht mehr blutig ist. Dabei das Wasser öfter erneuern.

2. Das Kalbsbries in kochendem Wasser blanchieren, abgießen. In frischem Wasser mit einer gespickten Zwiebel, Salz und Essig etwa 10 Minuten köcheln lassen.

3. Mit einem Schaumlöffel aus dem Sud heben, in ein Gefäß legen. Mit einem Gewicht (z. B. ein Brett mit einer Konservendose) beschweren und erkalten lassen.

4. Das Bries von Haut und Sehnen befreien und in etwa 1 cm dicke Scheiben schneiden.

5. Kalbsbriesscheiben mit Salz, Pfeffer und Zitronensaft würzen. In Mehl wenden, durch das verquirlte Ei ziehen und in den Semmelbröseln wenden. In einer Pfanne, in der aufgeschäumten Butter goldgelb braten.

6. Artischocken vom Stiel befreien. Von den Artischocken oben etwa 5 cm abschneiden. Unten etwa 1 cm abschneiden. Von einer Zitrone 4 dicke Scheiben abschneiden und je 1 Scheibe mit Küchengarn auf dem Boden der Artischocke festbinden

7. Die Artischocken mit dem Saft einer Zitrone in kochendem Salzwasser je nach Größe der Artischocken etwa 15 Minuten kochen lassen. Vom Herd nehmen und im Sud erkalten lassen.

8. Artischocken aus dem Sud nehmen und entblättern. Artischockenherz vom Boden trennen. Mit einem Löffel das Heu vom Boden entfernen. Den Boden in Würfel schneiden und für die Remoulade beiseite stellen.

9. Artischockenherzblätter sternförmig auf einem Teller anordnen.

10. Für die Artischockenremoulade Eigelb mit Senf und Zitronensaft in einer Schüssel mit Schneebesen oder mit Handrührgerät mit Rührbesen zu einer dicklichen Masse schlagen. Olivenöl tropfenweise unterschlagen, mit Cynar, Salz und Cayennepfeffer abschmecken.

11. Kapern fein hacken. Cornichons in feine Würfel schneiden und mit den Artischockenwürfeln und der Petersilie in die Mayonnaise geben. Gut verrühren und evtl. nochmals mit Zitronensaft abschmecken.

12. Remoulade in die Tellermitte der Artischockenblätter geben und die Kalbsbriesscheiben darauf setzen.

T!P **Wem es zu aufwendig ist, frische Artischocken zuzubereiten, kann für die Remoulade auch Artischocken aus dem Glas verwenden. Statt der Artischockenblätter schmeckt auch Rucolasalat.**

VITELLO TONNATO

Kalbfleisch mit Thunfischsauce

Vorbereitung: 15 Min.
Zubereitung: 60 Min.

800 g Kalbsbraten aus der Keule (vorzugsweise Hüfte)
Salz
frisch gemahlener Pfeffer
2 EL Olivenöl
2 mittelgroße Zwiebeln
1 Möhre
50 g Staudensellerie
3 Sardellenfilets
1 Lorbeerblatt
1 Nelke
8 Pfefferkörner
1 abgezogene Knoblauchzehe
100 ml Weißwein
200 ml Fleischbrühe

Für die Thunfischsauce:

1 Eigelb
1 EL Zitronensaft
100 ml Olivenöl
100 g Thunfisch natur aus der Dose
2 Sardellenfilets
100 ml Bratenfond
2 EL gut gewässerte Kapern

Kapern
schwarze Oliven
Blattpetersilie

1. Kalbsbraten unter fließendem kaltem Wasser abspülen, trockentupfen, mit Salz und Pfeffer würzen und mit einem Bindfaden in Form bringen.

2. In einem Schmortopf Olivenöl erhitzen und das Fleisch darin anbraten, herausnehmen. Gemüse putzen, in Würfel schneiden und hinzugeben. Sardellenfilets und Gewürze zugeben und das Fleisch auf das Gemüse setzen mit Wein und Brühe angießen. Auf dem Rost in den Backofen schieben.

Ober-/Unterhitze: etwa 180 °C (vorgeheizt)
Heißluft: etwa 160 °C (nicht vorgeheizt)
Gas: Stufe 2–3 (vorgeheizt)
Bratzeit: etwa 40 Minuten.

3. Während des Garens öfter mit dem Bratenfond übergießen. Herausnehmen, den Fond durch ein Sieb abgießen und beiseite stellen. Das Fleisch kalt stellen.

4. Für die Thunfischsauce Eigelb mit Zitronensaft und etwas Salz in einer Rührschüssel mit Schneebesen zu einer dicklichen Masse schlagen. Olivenöl in Mengen von 1–2 Eßlöffeln unterschlagen. Mit dem Thunfisch, den Sardellenfilets, dem Bratenfond und der Mayonnaise im Küchenmixer eine cremige Sauce zubereiten. Mit Salz und Pfeffer abschmekken. Als Einlage die Kapern hineingeben.

5. Das Fleisch wenn es kalt ist, am besten mit der Aufschnittmaschine, dünn in Scheiben schneiden.

6. Kalbfleischscheiben auf Teller oder auf einer Platte dünn auslegen. Mit der Thunfischsauce je nach Geschmack bedecken. Mit Kapern, schwarzen Oliven und Blattpetersilie garnieren.

Ein „heißer" Favorit ist sie allemal, die Suppe, oder auch ein „kalter", wie die Vichysoisse. Die Suppe ist ein vollständiges Hauptgericht oder der Auftakt zu einem grandiosen Menü – hier finden Sie, was das Herz begehrt.

Suppen schmecken an kalten und an heißen Tagen, während man bei Eintopf mehr an die kalten Tagen denkt, an denen man auch Nahrung für die Seele braucht.

TOMATEN-INGWER-SUPPE

Vorbereitung: 25 Min.
Zubereitung: 40 Min.

500 g reife Flaschentomaten oder, wenn keine Saison ist, Schältomaten aus der Dose
25 g frischer Ingwer
einige frische Korianderblätter
250 ml (1/4 l) Tomatensaft
1 Lorbeerblatt
8 Stückchen Zucker
1 Spritzer Chilisauce
Salz
frisch gemahlener Pfeffer

1 Rezept Currybrotteig siehe Seite 149
1 Eigelb
1 EL Milch

1. Tomaten kurze Zeit in kochendes Wasser legen (nicht kochen lassen), in kaltem Wasser abschrecken, enthäuten, die Stengelansätze herausschneiden.

2. Zwei Tomaten entkernen und das Fleisch in kleine Würfel schneiden. Als Einlage für die Suppe beiseite stellen. Das Innere der Tomaten beiseite stellen.

3. Ingwer schälen und fein würfeln. Einige Würfel zum Garnieren beiseite stellen. Korianderblätter abspülen. Einige Korianderblättchen zum Garnieren beiseite legen.

4. Die restlichen Tomaten grob würfeln und mit den Tomatenkernen, Tomatensaft, Ingwer, Koriander, Lorbeerblatt, Zucker und Chilisauce in einen Topf geben und etwa 15 Minuten köcheln lassen.

5. Die Tomatensuppe im Mixer fein pürieren und durch ein nicht zu feines Sieb passieren. Mit Salz und Pfeffer abschmecken.

6. Tomatenfleischwürfel auf vier Suppentassen verteilen, die Suppe darübergeben, mit Ingwerwürfeln und Korianderblättchen garnieren.

7. Aus dem Currybrotteig 4mal 80 g abteilen, zu Rollen formen. Die Rollen zu einem Kreis schließen, in deren Mitte sich die Suppentasse stellen läßt. Außen im Abstand von jeweils 5 cm einschneiden.

8. Auf ein mit Backpapier belegtes Backblech legen. Eigelb und Milch verquirlen. Die Curryringe damit bestreichen.

Ober-/Unterhitze: etwa 160 °C (vorgeheizt)
Heißluft: etwa 140 °C (nicht vorgeheizt)
Gas: Stufe 2–3 (vorgeheizt)
Backzeit: etwa 15 Minuten.

9. Die Ringe werden bei geringer Hitze relativ blaß abgebacken, damit die Farbe erhalten bleibt.

10. Die Curryringe auf große Teller legen, die Suppentasse hineinstellen und servieren.

T!P **Diese Suppe kann man im Sommer auch sehr gut kalt servieren. Dafür die Suppe wie oben beschrieben zubereiten und anschließend im Kühlschrank 3–4 Stunden gut durchkühlen lassen. Kalte Suppen müssen etwas kräftiger abgeschmeckt werden, da sie sonst etwas fade schmecken.**

RADIESCHEN-RAHMSUPPE MIT QUARKKLÖSSCHEN

Für 6 Personen

Vorbereitung: 25 Min.
Zubereitung: 60 Min.

Für die Quarkklößchen:

200 g Schichtkäse
2 Eier (Gewichtsklasse 2)
50 g Butter
40 g Semmelbrösel
Salz
frisch gemahlener weißer Pfeffer
1 Prise Zucker

Für die Radieschenrahmsuppe:

500 g Radieschen (etwa 2 Bund)
2 Frühlingszwiebeln
60 g Butter
1/2 Lorbeerblatt
frisch gemahlener weißer Pfeffer
200 ml Weißwein , z. B. trockener Rheingau-Riesling
4 EL trockener Wermut, z. B. Noilly Prat
500 ml (1/2 l) Geflügelbrühe oder -fond
100 ml Schlagsahne
30 g Radieschenkeimlinge
1 EL Zitronensaft
2 Eigelb
3 EL Schmand
6 EL Rieslingsekt

1. Für die Quarkklößchen den Schichtkäse in einem Geschirrtuch gut ausdrücken. Die Eier trennen.

2. Das Eigelb mit der Butter schaumig schlagen. Den Schichtkäse mit den Semmelbröseln hinzufügen und glattrühren, mit Salz und Pfeffer abschmecken.

3. Das Eiweiß mit dem Zucker steif schlagen und unter die Quarkmasse heben. Mit 2 Teelöffeln (die Löffel zwischendurch immer wieder in heißes Wasser tauchen) etwa 20 Klößchen abstechen und kalt stellen, bis die Zutaten für die Suppe vorbereitet sind.

4. Reichlich Salzwasser zum Kochen bringen. Die Klößchen darin bei milder Hitze offen etwa 12 Minuten ziehen lassen.

5. Für die Radieschenrahmsuppe die Radieschen putzen, waschen. Einige der schönen Blätter und 5 Radieschen in feine Streifen schneiden. Die restlichen Radieschen in Scheiben schneiden. Die Frühlingszwiebeln putzen, waschen und würfeln.

6. 30 g Butter in einem Topf erhitzen. Frühlingszwiebeln, Radieschenscheiben, Lorbeerblatt und die Hälfte der Radieschenblätter darin andünsten.

7. Weißwein, Wermut, Geflügelbrühe und Sahne hinzugießen. Die Suppe bei milder Hitze etwa 20 Minuten kochen lassen.

8. Die Hälfte der Radieschenkeimlinge hineingeben, mit dem Schneidstab des Handrührgerätes fein pürieren. Durch ein feines Sieb gießen und wieder aufkochen lassen. Die restliche kalte Butter in kleinen Stückchen hineingeben und damit binden. Die Suppe noch einmal mit dem Schneidstab aufmixen und mit Salz, Pfeffer und Zitronensaft würzen.

9. Das Eigelb mit dem Schmand verquirlen und mit einem Schneebesen in die Suppe rühren (die Suppe darf nicht mehr kochen!). Zum Schluß den Rieslingsekt hineingießen.

10. Zum Servieren Quarkklößchen in vorgewärmte Teller geben, mit der Suppe auffüllen. Mit Radieschenstreifen, -blättern und den restlichen Keimlingen garnieren.

KÜRBISSUPPE MIT BÜSUMER KRABBEN

Vorbereitung: 30 Min.
Zubereitung: 50 Min.

600 g Kürbisfleisch, am besten orangefarbenen, italienischen Gemüsekürbis
2 Schalotten
1/2 Stange Porree (Lauch)
1 kleine Möhre
2 EL Kürbiskernöl
1 EL Weißweinessig
750 ml (3/4 l) Gemüsebrühe
1/2 abgezogene Knoblauchzehe
1/4 geputzte Chilischote
1 Lorbeerblatt
Saft von 1/2 Zitrone
1 Messerspitze scharfes Currypulver
250 ml (1/4 l) Schlagsahne
2 EL feingeschnittener Dill
120–160 g gepulte Büsumer Krabben
Salz
frisch gemahlener Pfeffer

1. Gemüse waschen, putzen und in dünne Scheiben schneiden.

2. In einem Topf Kürbiskernöl erhitzen und das Gemüse darin farblos andünsten.

3. Das Gemüse mit dem Essig ablöschen, mit der Brühe auffüllen. Die restlichen Zutaten, bis auf Sahne, Dill und Krabben zugeben und 15–20 Minuten langsam köcheln lassen, bis die Gemüse weich sind.

4. Die Suppe im Mixer fein pürieren und durch ein Haarsieb geben.

5. Die Sahne in die Suppe geben und einmal aufkochen lassen.

6. Kurz vor dem Servieren Dill und Büsumer Krabben hineingeben und nicht mehr kochen lassen, da sonst die Krabben hart werden. Mit Salz und Pfeffer abschmecken.

TIP

Wenn Sie die Suppe für eine größere Personenzahl kochen, lohnt es sich einen kleinen ganzen Kürbis zu kaufen und die Suppe im ausgehöhlten Kürbis zu servieren. Dazu den Kürbis von oben her aufschneiden und vorsichtig, damit die Außenwand nicht verletzt wird, das Fruchtfleisch herausschneiden. Es muß aber etwas Fruchtfleisch an der Innenwand des Kürbis stehen bleiben, damit der Kürbis zum Servieren der Suppe stabil bleibt.

VICHYSSOISE

Kalte Kartoffel-Porree-Suppe

Vorbereitung: 20 Min.
Zubereitung: 70 Min., ohne Kühlzeit

500 g Kartoffeln
300 g Porree (Lauch)
1 kleine Zwiebel
2 EL Speiseöl
1 Lorbeerblatt
1 l Fleischbrühe
Salz
frisch gemahlener Pfeffer
geriebene Muskatnuß
200 ml Schlagsahne
2 Scheiben Toastbrot
60 g Butter zum Rösten der Croûtons
1 Bund Schnittlauch
2 EL Crème fraîche

1. Kartoffeln waschen, schälen und in grobe Würfel schneiden. Lauch putzen, das dunkle Grün abschneiden, halbieren, gründlich waschen, abtropfen lassen und in Streifen schneiden. Zwiebel abziehen und in Streifen schneiden.

2. Öl in einem Topf erhitzen und das vorbereitete Gemüse darin farblos andünsten. Lorbeerblatt zugeben und mit Fleischbrühe auffüllen, mit Salz, Pfeffer und Muskatnuß würzen. Langsam in etwa 45 Minuten gar kochen lassen, bis die Kartoffeln weich sind.

3. Sahne hinzufügen und nochmals kurz durchkochen lassen. Die Suppe etwas abkühlen lassen und dann im Mixer fein pürieren. Durch ein Haarsieb passieren und im Kühlschrank gut durchkühlen lassen.

4. Toastbrot entrinden und das Brot in kleine Würfel schneiden. Die Brotwürfel mit der Butter in einer Pfanne goldgelb rösten.

5. Schnittlauch abspülen, trockentupfen und in feine Röllchen schneiden.

6. Die Kartoffel-Porree-Suppe aus dem Kühlschrank nehmen und mit dem Pürierstab Crème fraîche unterschlagen. Die Suppe evtl. nochmals abschmecken.

7. Die Suppe in vorgekühlte Suppentassen füllen und die Croûtons und die Schnittlauchröllchen obenauf geben.

T!P **Diese Suppe eignet sich gut für heiße Sommertage. Als Einlage eignen sich auch frische Büsumer Krabben.**

PAPRIKAESSENZ MIT RICOTTA-RAVIOLI

Vorbereitung: 60 Min.
Zubereitung: 95 Min.

Für die Paprikaessenz:

2 Paprikaschoten
1 Zweig Basilikum
2 Eiweiß
Salz
1 TL Tomatenmark
1,2 l Fleischbrühe

Für den Ravioliteig:

125 g Weizenmehl
1 TL Schweineschmalz
1 Ei
etwa 50 ml Wasser
1 Prise Salz

Für die Ricottafüllung:

100 g Ricotta
60 g blanchierter, grob gehackter Spinat
2 Eigelb
frisch gemahlener Pfeffer
geriebene Muskatnuß

1 verquirltes Ei

1. Für die Paprikaessenz: Paprikaschoten halbieren, entstielen, entkernen, die weißen Scheidewände entfernen, die Schoten waschen. Aus den Paprika etwa 2 Eßlöffel feine Würfelchen schneiden und als Einlage beiseite stellen. Restliche Paprika im Gemüseentsafter entsaften (oder mit dem Küchenmixer mit etwas Brühe fein pürieren).

2. Vier Basilikumblättchen für die Einlage in feine Streifen schneiden und zur Seite stellen.

3. Saft oder Püriertes der Paprika mit dem Eiweiß, dem restlichen Basilikum, etwas Salz und dem Tomatenmark gut vermischen. Mit der kalten Fleischbrühe gut verrühren und unter ständigem Rühren zum Kochen bringen. Hitze zurückschalten und bei schwacher Hitze etwa 30 Minuten ziehen lassen.

4. Wenn die Brühe klar ist, vorsichtig durch ein Tuch passieren. Evtl. nochmals abschmekken oder noch etwas einkochen lassen.

5. Alle Zutaten für die Ravioli zu einem glatten Teig verkneten und in Klarsichtfolie eingewickelt 30 Minuten kalt stellen .

6. Für die Füllung Ricotta in eine Schüssel geben. Spinat in einem Tuch sorgfältig ausdrücken und zugeben. Mit den Eigelb verrühren und mit Salz, Pfeffer und Muskat abschmecken.

7. Nudelteig am besten durch die Walze der Nudelmaschine dünn ausrollen. Sonst mit dem Teigrolle so dünn wie möglich ausrollen. Teigplatte halbieren, mit dem verquirlten Ei bepinseln und mit der Unterseite auf das bemehlte Raviolibrett legen. Ricottamasse in einen Spritzbeutel mit Lochtülle füllen und in die einzelnen Fächer des Raviolibrettes Tupfer der Masse spritzen. Mit der anderen Teigplatte abdecken und mit der Teigrolle darüberrollen. Die Ravioli aus dem Brett schlagen und in kochendem Salzwasser 2–3 Minuten kochen lassen.

8. Paprikaessenz in einer Suppenterrine oder gleich portionsweise in Suppentassen geben und Ricottaravioli, Paprikawürfelchen und Basilikumstreifen zugeben.

T!P **Sollten sie kein Raviolibrett haben, den Teig mit einem runden Ausstecher mit 5 cm Durchmesser ausstechen, mit Ei bestreichen, die Ricottafüllung in die Mitte spritzen, mit einem Teigkreis bedecken und die Ränder andrücken. Bereiten Sie gleich die doppelte Menge Ravioli zu. Die Ravioli kann man gut vorblanchiert einfrieren.**

GESCHMELZTE MAULTASCHEN IN DER BRÜHE

Vorbereitung: 50 Min.
Zubereitung: 60 Min.

Für die Füllung:

350 g rohes Hackfleisch, je zur Hälfte Kalb- und Schweinefleisch, am besten aus dem durchwachsenen Hals
2 altbackene Brötchen
1 abgezogene Zwiebel, fein gewürfelt
80 g durchwachsener Bauchspeck, fein gewürfelt
1 EL Schweineschmalz
150 g blanchierter Blattspinat
1 Bund Petersilie, fein gehackt
Majoran
Liebstöckel
1 TL Senf
2 Eier
Salz
frisch gemahlener Pfeffer
geriebene Muskatnuß

Für den Nudelteig:

300 g Weizenmehl
1 EL Speiseöl
2–3 Eier
1 Prise Salz

1 verquirltes Ei

Für die Zwiebelschmelze:

2 mittelgroße Zwiebeln
100 g Butterschmalz
Obstessig

1 l kräftige Fleischbrühe
1 Bund Schnittlauch, in feine Röllchen geschnitten

1. Für die Füllung Hackfleisch in eine Schüssel geben. Brötchen in kaltem Wasser einweichen, wieder gut ausdrücken und mit der Hand gut zerpflücken und zum Hackfleisch geben.

2. Zwiebel- und Speckwürfelchen in einer Pfanne mit dem Schmalz farblos andünsten, abkühlen lassen und zum Hackfleisch geben.

3. Spinat in einem Tuch gut auspressen, fein mit dem Messer hacken oder im Küchenmixer zerkleinern, ebenfalls zum Hackfleisch geben.

4. Fein gehackte Petersilie, Majoran, Liebstöckel, Senf und die Eier zugeben, mit Salz, Pfeffer und Muskatnuß würzen und kräftig mit den Händen durchkneten.

5. Alle Zutaten für den Nudelteig zu einem festen Teig verarbeiten, in Klarsichtfolie eingewickelt mindestens 30 Minuten ruhen lassen.

6. Anschließend den Teig mit der Nudelmaschine oder mit einer Teigrolle in eine 20 cm breite und 1,5 mm dicke Bahn ausrollen. Füllung auf die ausgerollte Bahn etwa 5 mm dick auftragen, wobei darauf zu achten ist, daß man 2 cm der Bahn frei läßt, um diesen Teil mit einem Pinsel mit verquirltem Ei zu bestreichen.

7. Die Bahn wird nun seitlich dreimal übergeschlagen, leicht angedrückt und in 2–3 cm große Rhomben geschnitten. Diese verschobenen Vierecke in kochendes Salzwasser geben und darin 12 Minuten ziehen lassen.

(Fortsetzung Seite 38)

8. Für die Zwiebelschmelze Zwiebeln abziehen, in Würfel schneiden. Butterschmalz in einer Pfanne erhitzen, Zwiebelwürfel hinzufügen und goldbraun dünsten. Mit einem Spritzer Obstessig ablöschen.

9. Fleischbrühe aufkochen, in eine Suppenterrine oder gleich portionsweise in Suppenteller geben, Maultaschen hineingeben und die Zwiebelschmelze und den Schnittlauch obenauf geben.

T!P Die gegarten Maultaschen schmecken auch in der Pfanne gebraten mit Zwiebelschmelze oder Spiegelei obenauf und als Beilage dazu Kartoffelsalat.

T!P Maultaschen lassen sich gut in doppelter oder größerer Menge zubereiten und nach dem Kochen einfrieren.

CHILI CON CARNE

Vorbereitung: 25 Min.
Zubereitung: 3 Std.

250 g schwarze und rote getrocknete Bohnen
Salz
500 g Rinderhals
frisch gemahlener Pfeffer
1 EL Schweineschmalz
2 Zwiebeln
2 rote Paprikaschoten
1 Lorbeerblatt
1 Nelke
1 abgezogene Knoblauchzehe
2 EL Tomatenmark
1 TL Chilipulver
1 EL Paprika edelsüß
250 ml (1/4 l) Rotwein
300 g Tomaten (aus der Dose)

1. Bohnen über Nacht in reichlich Wasser einweichen. Bohnen mit dem Einweichwasser in einen Topf geben, leicht salzen und etwa 60 Minuten kochen lassen.

2. Rindfleisch unter fließendem kaltem Wasser abspülen, in 2-cm-große Würfel schneiden. In einem Topf Schweineschmalz erhitzen. Fleisch mit Salz und Pfeffer würzen. Fleisch in die Pfanne geben und anbraten.

3. Zwiebeln abziehen, Paprika vierteln, entkernen und beides in grobe Würfel schneiden. Zum Fleisch geben und mit anbräunen. Lorbeerblatt, Nelke, Knoblauch und Tomatenmark zugeben, ebenfalls anbräunen. Mit dem Chili- und Paprikapulver bestäuben und dann mit dem Rotwein ablöschen.

4. Tomaten in grobe Würfel schneiden und mit dem Saft zufügen. Mit dem Bohnenkochwasser bedecken und etwa 60 Minuten kochen lassen. Evtl. öfter mit dem Kochwasser aufgießen.

5. Dann die vorgekochten Bohnen zugeben und nochmals 30 Minuten köcheln lassen.

6. Lorbeerblatt, Nelke und Knoblauchzehe herausfischen und die Suppe nochmals mit Salz und Pfeffer abschmecken.

BORSCHTSCH VON DER ENTE

Vorbereitung: 25 Min.
Zubereitung: 2,5 Std.

1/2 Ente oder 2 Entenkeulen
250 g Tafelspitz
Salz
1 Lorbeerblatt
1 Nelke
Petersilienstiele
Dillstiele
2 EL Estragonessig
100 g durchwachsener Speck
4 Cipollatawürstchen oder andere kräftig gewürzte, geräucherte Mettwürstchen
1 Zwiebel
1 Stange Porree (Lauch)
150 g Weißkraut oder Wirsing
50 g Staudensellerie
1 Möhre
1 Petersilienwurzel
100 g Rote Bete
30 g Butter
frisch gemahlener Pfeffer
gehackter Dill
gehackte Petersilie
1 Becher Crème fraîche

1. Fleisch unter fließendem kaltem Wasser abspülen, in einem Topf mit kaltem Wasser zum Kochen bringen. Abschäumen, salzen.

2. Lorbeerblatt, Nelke und Petersilien- und Dillstiele zugeben. Estragonessig hinzufügen und 1,5–2 Stunden langsam sieden lassen, wenn nötig zwischendurch abschäumen. Sorgfältig weich garen und die Teile je nach Garpunkt herausnehmen. Die Fleischbrühe beiseite stellen.

3. Das Entenfleisch von Haut und Knochen befreien und ebenso wie den Tafelspitz und den Speck in gefällige Würfel schneiden. Cipollatawürstchen in Scheiben schneiden.

4. Gemüse waschen, putzen, in Streifen schneiden und mit Butter in einem Topf farblos andünsten. Mit der Fleischbrühe auffüllen und etwa 20 Minuten köcheln lassen.

5. Fleisch- und Speckwürfel und Wurstscheiben zugeben. Mit Salz und Pfeffer abschmecken und Petersilie und Dill zufügen.

6. In einer Suppenterrine servieren und Crème fraîche in einer Schale extra dazu servieren.

Man schöpft sich die Suppe in den Teller und gibt einen Löffel Crème fraîche obenauf.

T!P **Man kann die Rote Bete auch aus dem Glas nehmen, wenn sie nicht frisch verfügbar ist. Den Saft aus dem Glas kann man ebenfalls in die Suppe geben. Mit einem kleinen Rest vom Rote-Bete-Saft Crème fraîche einfärben.**

PICHELSTEINER VON NORDMEER-FISCHEN

Vorbereitung: 25 Min.
Zubereitung: 45 Min.

200 g Möhren
300 g Kartoffeln
1 Stange Porree (Lauch)
100 g Wirsing
1 Zwiebel
100 g Staudensellerie
400 g Fischfilet ohne Haut und Gräten, z. B. von Dorsch, Steinbeißer, Lachs oder Schellfisch
25 g Butter
250 ml (1/4 l) trockener Weißwein
1 l Fischfond
1 Lorbeerblatt
Salz
frisch gemahlener Pfeffer
Saft von 1/2 Zitrone
50 g gepulte Büsumer Krabben
glatte Petersilie, gehackt
Dill, fein geschnitten
Cayennepfeffer

1. Gemüse putzen, waschen und abtropfen lassen. Zwiebel und Wirsing in Streifen schneiden, Kartoffeln und Möhren in Scheiben schneiden, Sellerie und Lauch in gleichmäßige Ringe.

2. Fischfilets unter fließendem kaltem Wasser abspülen, trockentupfen und in gleichmäßige etwa 2-cm-große Würfel schneiden.

3. Butter in einem Topf aufschäumen lassen. Kartoffeln, Möhren und Zwiebeln zugeben und farblos andünsten, mit dem Weißwein ablöschen und mit dem Fischfond auffüllen. Lorbeerblatt und eine Prise Salz zugeben und 10 Minuten langsam köcheln lassen. Wirsing, Sellerie und Lauch zugeben und weitere 15 Minuten köcheln lassen.

4. Fischwürfel mit Salz, Pfeffer und Zitronensaft würzen, in den kochenden Eintopf geben, 5 Minuten darin garziehen, aber nicht mehr kochen lassen.

5. Büsumer Krabben, Petersilie und Dill zugeben und den Pichelsteiner mit Salz und Cayennepfeffer abschmecken. Nur noch ganz vorsichtig umrühren, damit der Fisch nicht zerfällt.

6. In der Suppenterrine servieren und direkt auf den Tisch stellen, damit sich jeder selbst bedienen kann.

T!P **Sehr gut schmecken geröstete Baguettescheiben dazu, die mit frischem Knoblauch eingerieben wurde, wie man es von der französischen Bouillabaisse her kennt. Ein paar Safranfäden, wenn vorhanden, geben der Suppe noch die besondere Note.**

Fisch ist das klassische Gericht der Bistroküche. Fische garen sehr schnell und lassen sich gut mit anderen Zutaten kombinieren, so mit Kartoffeln wie der Heringsstipp oder mit Gemüse wie die Hechtkoteletts mit dem Rahmsauerkraut.

HAMBURGER PFANNFISCH MIT SENFBUTTER

Vorbereitung: 60 Min.
Zubereitung: 25 Min.

Für den Pfannfisch:

500 g dicke Kartoffeln
150 g Butterschmalz
250 g Wirsing
1 EL Schweineschmalz
Majoran
Salz
frisch gemahlener Pfeffer
4 Schalotten
2 EL mittelscharfer Senf
1 EL Butter
500 g Rotbarschfilet
Saft von 1/2 Zitrone

Für die Senfbutter:

2 EL scharfer Senf
80 g zerlassene Butter

1. Für den Pfannfisch Kartoffeln schälen, waschen und in 1 cm dicke Scheiben schneiden (6 Scheiben pro Person).

2. Butterschmalz in heißer Pfanne erhitzen und darin die Kartoffelscheiben von beiden Seiten goldbraun ausbacken.

3. Wirsing putzen, waschen, vierteln, den Strunk herausschneiden und den Kohl in kochendem Salzwasser garkochen. In kaltem Wasser abschrecken, in einem Tuch gut das Wasser ausdrücken und dann mit einem Messer fein hacken. Den Wirsing in einem Topf mit Schmalz andünsten und mit Salz, Pfeffer, Muskat und etwas Majoran abschmecken.

4. Schalotten abziehen und in Butter farblos andünsten, abkühlen lassen und mit Senf verrühren.

5. Fischfilet unter fließendem kaltem Wasser abspülen, trockentupfen, in Stücke von der Größe der Kartoffelscheiben schneiden und mit Salz, Pfeffer und Zitronensaft würzen.

6. Kartoffelscheiben mit Salz würzen und jeweils 1 Kartoffelscheibe 1-cm-dick mit dem Wirsingpüree bedecken. Fischstück mit Senf-Schalotten bestreichen und auf den Wirsing setzen. Fisch wieder mit Fisch bedecken und mit einer Kartoffelscheibe abdecken. So mit allen Kartoffelscheiben verfahren, so daß es 12 fertige Taler ergibt. Eine feuerfeste Form ausbuttern, die Taler hineinsetzen und auf dem Rost in den Backofen schieben.

Ober-/Unterhitze: etwa 180 °C (vorgeheizt)
Heißluft: etwa 160 °C (nicht vorgeheizt)
Gas: etwa Stufe 3 (vorgeheizt)
Bratzeit: etwa 15 Minuten.

7. Für die Senfbutter den Senf in einem Töpfchen erwärmen, mit dem Schneebesen zerlassene Butter mit der selben Temperatur einarbeiten.

8. Jeweils 3 Taler pro Person auf einen Teller sternförmig anrichten. Die Senfbutter in einer Sauciere dazu servieren.

T!P **Bei diesem Gericht handelt es sich um die etwas verfeinerte Version des Hamburger Pfannfisch, der ursprünglich eine einfache Resteverwertung war. Ein Bratkartoffelgericht mit Fischresten und Ei.**

WARMER RÄUCHERLACHS AUF RAHM-WIRSING

Vorbereitung: 35 Min.
Zubereitung: 35 Min.

Für das Wirsinggemüse :

1 Wirsing etwa 800 g
1 Zwiebel
100 g durchwachsener Speck
30 g Butter
40 g Weizenmehl
125 ml (1/8 l) Fleischbrühe
250 ml (1/4 l) Schlagsahne
frisch gemahlener Pfeffer
geriebene Muskatnuß
frischer Majoran

600 g mild gesalzener Räucherlachs am Stück

Für die Kartoffelhörnchen:

400 g Kartoffeln
Fritierfett
Salz

1. Für das Wirsinggemüse die groben äußeren Blätter des Wirsings entfernen. Den Kopf vierteln, den Strunk herausschneiden, den Wirsing abspülen, abtropfen lassen, den Kohl in Streifen schneiden und in kochendem Salzwasser etwa 5 Minuten überbrühen. Herausnehmen und unter kaltem Wasser abschrecken und das Wasser gut auspressen.

2. Zwiebel abziehen, Speck und Zwiebel in Würfel schneiden. Speck und Zwiebel in einem Topf mit der Butter farblos andünsten, mit Mehl bestäuben, farblos mit andünsten und mit kalter Fleischbrühe und der Sahne auffüllen. Unter ständigem Rühren zum Kochen bringen und 5 Minuten köcheln lassen. Mit Salz, Pfeffer und Muskatnuß abschmecken und den gut ausgepreßten Wirsing und etwas frisch geschnittenen Majoran dazugeben, umrühren und noch 2 Minuten weiterköcheln lassen. Evtl. nochmals abschmecken.

3. Die Räucherlachsseite mit dem Messer vorsichtig schuppen, wenn noch vorhanden, mit einer Pinzette die Gräten herausziehen und den Lachs in vier gleichgroße Tranchen schneiden.

4. Mit der Hautseite nach oben auf ein gebuttertes Backpapier legen, Hautseite ebenfalls mit etwas Butter bestreichen und auf einem Backblech in einen auf 50 °C temperierten Backofen schieben.

Ober-/Unterhitze: etwa 50 °C (vorgeheizt)
Heißluft: etwa 50 °C (nicht vorgeheizt)
Gas: etwa Stufe 1 (vorgeheizt)
Backzeit: etwa 15 Minuten.

5. Fünf Minuten regenerieren lassen, dann das Backblech auf der obersten Leiste in den Backofen schieben und 6-8 Minuten grillen.

6. Für die Kartoffelhörnchen Kartoffeln schälen, waschen, trockentupfen und mit dem Kartoffelbohrer Spiralen herausdrehen. In der Friteuse goldbraun herausbacken und salzen.

7. Wirsing in die Tellermitte geben, Lachstranche auflegen und Kartoffelhörnchen anlegen.

T!P **Achtung beim Kauf des Räucherlachses. Nur einen ganz mild gesalzenen Räucherlachs verwenden, denn durch das Erwärmen verstärkt sich der Salzgeschmack und der Lachs ist nachher zu salzig.**

CORDON BLEU VON LACHS UND ZANDER MIT KARTOFFEL-GURKEN-SALAT

Vorbereitung: 30 Min.
Zubereitung: 40 Min.

Für den Kartoffel-Gurken-Salat:

300 g Salatkartoffeln, z. B. Galantina oder Sieglinde
1/2 Salatgurke
Salz

Für das Dressing:

1/2 abgezogene Zwiebel, in Würfel geschnittten
1 EL Pflanzenöl
125 ml (1/8 l) Fleischbrühe
1 Eigelb
1 TL Senf
3 EL Obstesssig
1 EL Traubenkernöl
2 EL Distelöl
frisch gemahlener Pfeffer
1 Prise Muskatnuß

Für das Cordon bleu:

16 Scheiben Zanderfilet, etwa 8 mm stark geschnitten à 60 g
8 Scheiben Lachs à 40 g
Saft von 1/2 Zitrone
Weizenmehl
1 Ei
1 EL Wasser
Semmelbrösel
Butterschmalz zum Ausbacken

4 Blätter Kopfsalat
4 Zitronenecken (unbehandelt)
Dillspitzen

1. Kartoffeln waschen, kochen, pellen und in Scheiben schneiden. Gurken je nach Geschmack schälen, entkernen und in Scheiben schneiden, leicht einsalzen, das Wasser ausdrücken.

2. Zwiebelwürfelchen in etwas Öl andünsten, Brühe hinzufügen. Mit Eigelb abziehen und mit Senf, Essig und Öl verrühren und noch heiß über die Kartoffelscheiben geben. Salz, Pfeffer und einen Hauch Muskatnuß dazugeben und mit den Gurken zusammenmischen. Etwas ziehen lassen, gegebenenfalls nochmals abschmecken.

3. Fischscheiben unter fließendem kaltem Wasser abspülen, trockentupfen, mit Salz, Pfeffer und Zitronensaft würzen. Jeweils eine Scheibe Lachs zwischen zwei Scheiben Zanderfilet geben. In Mehl wenden und leicht anklopfen. Dann Schnitzel in verquirltem Ei wenden und zuletzt in den Semmelbröseln.

4. Schwimmend in Butterschmalz goldgelb ausbacken.

5. Kopfsalatblatt auf Teller geben. Kartoffel-Gurken-Salat darauf anrichten und Cordon bleu anlegen. Zitronenecken dazu servieren und mit Dill garnieren.

FISH AND CHIPS

Vorbereitung: 20 Min.
Zubereitung: 40 Min.

800 g Kartoffeln, z. B. Bintje
1 kg Fritierfett

600 g Fischfilet ohne Haut und Gräten, z. B. Wittling, Rotbarsch, Seehecht
Salz
frisch gemahlener Pfeffer
Saft von 1 Zitrone
50 g Weizenmehl

Für den Ausbackteig:

120 g Weizenmehl
100 ml Bier
50 ml Wasser
1 Ei
1 EL Speiseöl
1 Prise Zucker

Mayonnaise
Essig

1. Kartoffeln waschen, schälen, waschen, in 1-cm-dicke-Stäbchen schneiden, mit Küchenpapier trockentupfen.

2. Fritierfett auf etwa 180 °C erhitzen, die Kartoffelstäbchen bei 180 °C vorfritieren, bis sie fast gar sind. Herausnehmen auf Küchenpapier abtropfen lassen.

3. Fischfilet unter fließendem kaltem Wasser abspülen, trockentupfen, in 3 cm dicke Stücke schneiden. Mit Salz, Pfeffer und Zitronensaft würzen.

4. Für den Ausbackteig Mehl in eine Rührschüssel sieben, mit Bier und Wasser zu einem glatten Teig verrühren. 15 Minuten quellen lassen.

5. Das Ei trennen, das Eigelb in den Teig rühren. Das Eiweiß mit Zucker steif schlagen. Mit einem Holzlöffel den Eischnee vorsichtig in den Teig einarbeiten, 1 Prise Salz hinzugeben.

6. Die Fischfilets in Mehl wenden. Überschüssiges Mehl abklopfen. Die Fischfilets mit einer Gabel durch den Teig ziehen, den Teig ablaufen lassen.

7. Fritierfett auf etwa 180 °C erhitzen, die Fischstücke nacheinander hineingeben, goldbraun fritieren, herausnehmen und auf Küchenpapier das Fett abtropfen lassen.

8. Fritierfett auf etwa 190 °C erhitzen und die Kartoffelstäbchen fertig fritieren.

9. Fisch und Kartoffelchips sofort in einer Tüte gemischt servieren.

T!P **In England wird Essig und Mayonnaise zu Fish und Chips serviert.**

T!P **Sie können auch Kabeljau oder Rotzungenfilet (wie im Foto) verwenden. Wem die Herstellung des Teiges zu aufwendig ist, kann die Fischfilets auch in Mehl, dann in verquirltem Ei und zum Schluß in Semmelbröseln wenden und anschließend fritieren.**

AAL IN ROTWEIN

Vorbereitung: 30 Min.
Zubereitung: 35 Min.

2 frische, abgezogene Aale
à 350–400 g
Salz
frisch gemahlener Pfeffer
2 EL Olivenöl
15 abgezogene Silberzwiebeln
1 Lorbeerblatt
1 Thymianzweig
1/2 abgezogene Knoblauchzehe
500 ml (1/2 l) Rotwein
(Côte du Rhône)
300 g kleine Kartoffeln
400 g junges Gemüse, z. B. Möhren,
weiße Rübchen, Brokkoli
2 EL Butter zum Dünsten
des Gemüses
60 g kalte Butter zum Montieren
1 EL Butter
2 EL feingehackte Petersilie

1. Aal in etwa 5 cm lange Stücke schneiden, mit Salz und Pfeffer würzen.

2. Öl in einem Topf erhitzen, Aalstücke darin anbraten. Perlzwiebeln, Lorbeerblatt, Thymian und Knoblauchzehe hinzugeben und mit dem Rotwein auffüllen. Den Topf mit einem Deckel schließen und die Aalstücke etwa 15 Minuten langsam köcheln lassen (das Aalfleisch muß sich leicht von der Gräte lösen lassen).

3. Kartoffeln waschen und in Salzwasser in etwa 20 Minuten gar kochen. Abgießen, abdämpfen und pellen.

4. Gemüse putzen, waschen, evtl. zerteilen und je nach Garzeit zugeben (Möhren 8 Minuten, weiße Rübchen 5 Minuten, Brokkoli 8 Minuten) und mitköcheln lassen. Auf diese Weise bekommt der Sud einen kräftigen Gemüsegeschmack, beeinträchtigt jedoch etwas die Farbe des Gemüses. (Wer die Farbe des Gemüses erhalten möchte, dünstet die Gemüse in einem separaten Topf mit etwas Butter und Wasser. Nach dem Garen mit Salz und Pfeffer würzen.)

5. Wenn der Aal gar ist, die Aalstücke herausnehmen, den Rotweinsud durch ein Sieb in einen anderen Topf geben und auf die Hälfte einkochen lassen. Die kalte Butter vorsichtig mit dem Pürierstab in die Sauce schlagen, die Sauce mit Salz und Pfeffer abschmecken und über Aal und Gemüse geben.

6. Kartoffeln in zerlassener Butter kurz andünsten, Petersilie hinzufügen und evtl. noch etwas nachsalzen.

PIZZA MIT HUMMER UND GRÜNEM SPARGEL

Vorbereitung: 20 Min.
Zubereitung: 25 Min.

Für den Pizzateig:

220 g Weizenmehl (Type 550)
1 1/2 TL Trockenhefe oder 15 g Frischhefe
60 ml lauwarmes Wasser
50 g Schweineschmalz
1/2 TL Zucker
1 TL Salz

Für den Belag:

8 Stangen grüner Spargel
10 geschälte Tomaten aus der Dose
Salz
frisch gemahlener Pfeffer
1/2 Bund Basilikum, fein geschnitten
2 EL Olivenöl
Fleisch von 2 ganzen, gekochten Hummern
150 g geraspelter Mozzarella

4 EL Crème fraîche
evtl. 2 EL Hummeröl

1. Für den Pizzateig das Mehl in eine Rührschüssel sieben, mit Trockenhefe sorgfältig mischen, Wasser, Schmalz, Zucker und Salz hinzufügen. Die Zutaten mit Handrührgerät mit Knethaken zunächst auf niedrigster, dann auf höchster Stufe in etwa 5 Minuten zu einem glatten Teig verarbeiten. Abgedeckt an einem warmen Ort so lange stehen lassen, bis er sich sichtbar vergrößert hat.

2. Den Teig aus der Schüssel nehmen, auf der Arbeitsfläche gut durchkneten, in vier Portionen teilen. Jede Portion zu einem Kreis ausrollen. Auf ein mit Olivenöl gefettetes Backblech legen und nochmals kurz gehen lassen.

3. Spargel nur am unteren Ende schälen, gerade schneiden, in kochendem Salzwasser blanchieren und längs halbieren.

4. Tomaten würfeln, mit Salz, Pfeffer und Basilikum mischen und gleichmäßig auf den vorbereiteten Teig streichen. Mit etwas Olivenöl beträufeln und in den Backofen schieben.

Ober-/Unterhitze: etwa 220 °C (vorgeheizt)
Heißluft: etwa 200 °C (nicht vorgeheizt)
Gas: Stufe 3–4 (vorgeheizt)
Backzeit: etwa 5 Minuten.

5. Die Pizzen mit dem Hummerfleisch und dem Spargel belegen. Mit dem Mozzarella bestreuen und wieder in den Backofen schieben.

Ober-/Unterhitze: etwa 200 °C (vorgeheizt)
Heißluft: etwa 180 °C (nicht vorgeheizt)
Gas: Stufe 2–3 (vorgeheizt)
Backzeit: etwa 10 Minuten.

6. Aus dem Backofen nehmen und je einen Eßlöffel Crème fraîche und evtl. etwas Hummeröl beträufeln.

T!P **Wem diese Variante der Pizza zu kostspielig ist, kann den Hummer selbstverständlich durch Shrimps ersetzen.**

HECHTKOTELETT AUF RAHMSAUERKRAUT

Vorbereitung: 15 Min.
Zubereitung: 75 Min.

400 g Hechtfilet
3 Scheiben entrindetes Toastbrot
200 ml Schlagsahne
Salz, Cayennepfeffer
1 Eiweiß

200 g Schweinenetz (beim Metzger vorbestellen)
40 g gesalzene Butter zum Braten

Für das Rahmsauerkraut:

400 g Sauerkraut
2 EL Speiseöl
1/2 abgezogene Zwiebel, in Streifen geschnitten
1/2 Apfel, in Streifen geschnitten
125 ml (1/8 l) trockener Weißwein
125 ml (1/8 l) Wasser
1 Gewürzbeutel (bestehend aus 8 Pfefferkörnern, 1 Nelke, 1/2 TL Kümmelsamen, 1/2 Lorbeerblatt, 3 Wacholderbeeren)
20 g Zucker
1 kleine Kartoffel
100 g Crème fraîche
30 g Butter

Für die Sauce:

200 ml Schlagsahne
125 ml (1/8 l) Schlagsahne
30 g kalte Butter
3 EL geschlagene Sahne
Saft von 1/2 Zitrone

1. Hechtfilet durch den Fleischwolf drehen. Toastbrot in etwas Sahne einweichen. Hechtfilet mit Salz und Cayennepfeffer würzen und im Mixaufsatz der Küchenmaschine zusammen mit dem Eiweiß, dem eingeweichten Toastbrot und der restlichen Sahne fein mixen. Nochmals abschmecken und durch ein feines Sieb streichen. Gut durchkühlen lassen.

2. Schweinenetz gut wässern. Ausbreiten und trockentupfen. Die Hechtfarce in 4 Portionen auf dem Schweinenetz verteilen, damit einhüllen und in Kotelettform bringen.

3. Für das Rahmsauerkraut das Sauerkraut abspülen. Öl in einem Topf erhitzen und die Apfel- und Zwiebelstreifen darin farblos andünsten. Sauerkraut, Wein, Wasser und Gewürzbeutel hinzufügen und mit Salz und Zucker würzen. Bei schwacher Hitze 20–25 Minuten köcheln lassen. Den Gewürzbeutel herausnehmen. Die Kartoffel schälen, fein reiben und zum Sauerkraut geben. Crème fraîche hinzufügen und das ganze nochmals aufkochen lassen. Mit Cayennepfeffer und evtl. Zucker und Salz abschmecken.

4. Butter in einer ofenfesten Pfanne erhitzen und die 4 Hechtkoteletts mit der Naht des Schweinenetzes nach unten in die Pfanne legen und kurz anbraten und auf dem Rost in den Backofen schieben.

Ober-/Unterhitze: etwa 200 °C (vorgeheizt)
Heißluft: etwa 180 °C (nicht vorgeheizt)
Gas: Stufe 3–4 (vorgeheizt)
Backzeit: etwa 15 Minuten.

5. Während des Bratens öfter mal mit der Bratbutter übergießen. Wenn die Koteletts gar und goldbraun sind, die Hechtkoteletts aus der Pfanne nehmen und warm stellen.

6. Den Bratensatz mit Sahne und Weißwein ablöschen und einkochen lassen. Kalte Butter mit dem Pürierstab in die Sauce einschlagen. Mit geschlagener Sahne schaumig rühren, mit Salz, Cayennepfeffer und Zitronensaft abschmecken.

7. Sauerkraut in die Tellermitte geben, das Hechtkotelett und Kartoffelhörnchen (Rezept Seite 80) anlegen, mit der Sauce übergießen.

SCHWARZE NUDELN MIT HUMMERSUGO

Vorbereitung: 40 Min.
Zubereitung: 20 Min.

Für den Hummersugo :

2 Schalotten, fein gewürfelt
1 Spritzer Estragonessig
1 Zweig Thymian
1/4 abgezogene Knoblauchzehe
2 EL Olivenöl
250 g Schältomaten aus der Dose
5 Stück Würfelzucker
360 g gekochtes Hummerfleisch
1 TL Estragonspitzen, geschnitten
Salz, Pfeffer
100 g Butter

Für die Nudeln :

150 g Weizenmehl
50 g Weizengrieß
2 Eigelb, 1 Ei
1 EL Olivenöl
1 Tütchen Tintenfischtinte
(im guten Fischhandel erhältlich)
1 Prise Salz

Olivenöl

1. Für den Hummersugo Schalotten, Thymianzweig und kleingeschnittenen Knoblauch in einem Topf mit Olivenöl andünsten und mit Estragonessig ablöschen.

2. Schältomaten würfeln, mit dem Saft und dem Würfelzucker zugeben und einkochen lassen.

3. Hummerfleisch klein schneiden und mit dem Estragon zugeben. Kalte Butterstückchen mit dem Pürierstab unterschlagen und den Sugo mit Salz und Pfeffer abschmecken.

4. Für die Nudeln alle Zutaten zusammen zu einem geschmeidigen Teig verkneten, in Klarsichtfolie einwickeln, kalt stellen und kurze Zeit ruhen lassen.

5. Mit der Nudelmaschine dünne Nudeln herstellen und kurz in kochendem Salzwasser kochen. Abgießen, mit einigen Tropfen Olivenöl beträufeln und sofort in tiefen Tellern anrichten.

T!P **Wenn man sich nicht die Arbeit mit dem Nudelherstellen machen will, gibt es in gut sortierten Feinkostgeschäften schwarze Nudeln auch schon getrocknet oder gefroren. Und wenn nicht, können sie auch weiße Nudeln nehmen, weil die Tinte völlig geschmacklos und ein reiner Farbstoff ist.**

DORSCH IM REISBLATT MIT SÜSSER KNOBLAUCHSAUCE

Vorbereitung: 30 Min.
Zubereitung: 25 Min.

Für den Dorsch im Reisblatt:

4 große Strauchtomaten
4 Stücke Dorschfilet à 150 g
Salz
Cayennepfeffer
Zitronensaft
frische Korianderblätter
4 runde Blätter Reispapier etwa 25 cm Durchmesser
4 Streifen blanchierter Porree (Lauch)

Für die süße Knoblauchsauce:

4 Knoblauchzehen
250 ml (1/4 l) Fischfond
100 ml Weißwein
200 ml Schlagsahne
30 g gesalzene Butter
Salz
Cayennepfeffer
Saft von 1/2 Zitrone
2 EL geschlagene Sahne

1. Tomaten kurze Zeit in kochendes Wasser legen, nicht kochen lassen, in kaltem Wasser abschrecken enthäuten, die Stengelansätze herausschneiden, die Tomaten vierteln und das Kerngehäuse unter fließendem Wasser ausspülen. Mit einem Küchenpapier das Tomatenfleisch abtrocknen.

2. Dorschfilet mit Salz, Cayennepfeffer und Zitronensaft würzen. Das Filet mit einigen Korianderblättchen belegen.

3. Reispapier in ein feuchtes Tuch einrollen, damit es geschmeidig wird. Auf die Mitte jedes Reispapiers 2 Tomatenviertel legen,

leicht salzen, Dorschfilet darauf setzen und mit je 2 Tomatenvierteln bedecken. Reispapier oben zusammenraffen und mit dem Porree zusammenbinden. Auf ein gebuttertes Backblech setzen.

4. Für die Knoblauchsauce Knoblauch abziehen, halbieren und evtl. mit dem Küchenmesser den hellgrünen Keimling entfernen. In kochendem Wasser 5x blanchieren. Das Wasser jeweils immer wieder erneuern. Fischfond, Weißwein und Sahne mit den Knoblauchzehen zusammen einkochen lassen, bis die Sahne zu binden beginnt. Mit dem Pürierstab die kalten Butterstückchen einmixen. Mit Salz, Cayennepfeffer und Zitronensaft abschmecken und vor dem Anrichten die geschlagene Sahne unterheben.

5. Dorsch im Reisblatt im Backofen backen.

Ober-/Unterhitze: etwa 200 °C (vorgeheizt)
Heißluft: etwa 180 °C (nicht vorgeheizt)
Gas: Stufe 3–4 (vorgeheizt)
Backzeit: etwa 15 Minuten.

6. Teller mit einem Saucenspiegel ausgießen. Reisblatt aus dem Ofen heraus sofort darauf anrichten.

CANNELLONI VON MEERESFRÜCHTEN

Vorbereitung: 75 Min.
Zubereitung: 75 Min.

Für den Nudelteig:

3 Eier
2 Eigelb
1 EL Olivenöl
230 g Weizengrieß
200 g Weizenmehl

Für die Zanderfarce:

200 g Zander- oder Hechtfilet
Salz
frisch gemahlener Pfeffer
1/2 Eiweiß
50 g Crème double
1 EL geschlagene Sahne

Für die Sauce:

500 g Cocktailtomaten
1 EL Olivenöl
1 Thymianzweig
8 Stückchen Zucker
100 g kalte Butter
1/2 Bund frisches Basilikum

250 g TK-Meeresfrüchtemischung
Estragonspitzen

1 Stange Porree (Lauch)
1 Ei

1. Für den Nudelteig alle Zutaten zu einem festen Teig verkneten und in Klarsichtfolie eingewickelt 1 Stunde ruhen lassen.

2. Für die Zanderfarce das Zanderfilet zweimal durch den Fleischwolf drehen, mit Salz und Pfeffer würzen und kalt stellen. Das Eiweiß hinzufügen, Crème double unterheben und im Mixaufsatz der Küchenmaschine fein zerkleinern. Die Farce nochmals abschmekken und durch ein feines Sieb streichen. Kalt stellen. Zum Schluß die geschlagene Sahne unterheben.

3. Von den Cocktailtomaten die Stengelansätze herausschneiden, die Tomaten waschen, in Olivenöl andünsten und zusammen mit dem Thymian einkochen lassen. Die Sauce durch ein Sieb streichen, die Rückstände kräftig ausdrücken. Die Sauce wieder erhitzen, die kalte Butter in Stückchen unterschlagen und das geputzte, abgespülte und in Streifen geschnittene Basilikum unterheben.

4. Die Meeresfrüchtemischung abgedeckt auftauen lassen, zusammen mit den Estragonspitzen unter die Farce heben.

5. Den Porree putzen, waschen. In einzelne Blätter teilen. In kochendem Salzwasser blanchieren, in Eiswasser abschrecken und auf Küchenpapier abtropfen lassen.

6. Den Nudelteig durch die Nudelmaschine drehen oder sehr dünn ausrollen. Mit dem Teigrädchen etwa 12 cm große Quadrate ausradeln. Die Ränder mit verquirltem Ei bestreichen. Die Farce daraufgeben und die Teigflecken wie Bonbons in Papier einrollen. Die Enden mit blanchierten Porreestreifen umwickeln. Die Cannelloni in kochendem Salzwasser 3 Minuten garen, abtropfen lassen und in der Tomatensauce anrichten.

T!P **Man kann statt des Fischfilets die gleiche Menge Poulardenbrust ohne Haut und Knochen verwenden und statt der Meeresfrüchte kurzgebratene Poulardenbruststreifen oder gedünstete Pilze einlegen.**

HERINGSSTIPP MIT REIBEKUCHEN

Vorbereitung: 35 Min.
Zubereitung: 25 Min.

Für den Heringsstipp:

8 Heringsfilets
1 kleine Zwiebel
2 große Essiggurken
1 Apfel
200 g Crème fraîche
6 EL Mayonnaise
Saft von 1/2 Zitrone
Salz
Cayennepfeffer
1 EL geschnittener Dill
1 EL gehackte Petersilie

Für die Reibekuchen:

4 mittelgroße Kartoffeln
1 Ei
frisch gemahlener Pfeffer
geriebene Muskatnuß
100 g Pflanzenfett

1. Für den Heringsstipp von den Heringsfilets die Haut abziehen und die Filets in Würfel schneiden. Die Zwiebel abziehen, in Streifen schneiden und kurz blanchieren. Essiggurken schälen und in Scheibchen schneiden.

2. Apfel schälen, entkernen und in dünne Blättchen schneiden.

3. Mayonnaise und Crème fraîche in eine Schüssel geben und mit einem Schneebesen glattrühren. Mit Zitronensaft, Salz und Cayennepfeffer und den Kräuter abschmecken. Heringstücke, Gurke, Apfel und Zwiebel hinzugeben. Vorsichtig mit einem Löffel umrühren und gut durchziehen lassen.

4. Kartoffeln schälen, waschen und auf einer Reibe fein reiben. Den Saft etwas ausdrücken. Das Ei hinzufügen, mit Salz, Pfeffer und einem Hauch Muskatnuß würzen. Auf einem Schaumlöffel 8 Reibekuchen formen und in einer heißen Pfanne in schwimmendem Fett kroß ausbacken. Auf Küchenpapier das Fett etwas abtropfen lassen.

5. Jeweils einen Kartoffelpuffer auf einen Teller geben, den Heringsstipp darauf anrichten.

T!P **Während der Matjessaison von Juni bis August frische, milde Matjesfilets dafür verwenden.**

CARPACCIO VON ROTE BETE MIT GEBEIZTEM HEILBUTT

Vorbereitung: 20 Min., ohne Marinierzeit
Zubereitung: 90 Min.

400 g Heilbuttfilet

Für die Heilbuttmarinade:

40 g Salz
30 g Zucker
1 Lorbeerblatt
1/2 TL Senfkörner
1/2 TL Koriandersamen
Saft von 1/2 Limone
2 EL Olivenöl
100 g feingeschnittener Dill
4 Basilikumblätter

Für das Rote-Bete-Carpaccio:

150 g Rote Bete
Kümmelsamen
4 EL kaltgepreßtes Olivenöl
Salz
frisch gemahlener Pfeffer
gemahlener Koriander
1 TL Kürbiskernöl
Saft von 1/2 Zitrone

1. Heilbuttfilet mit der Hautseite nach unten in eine passende Form geben. Gewürze, Limonensaft, Olivenöl und Kräuter darauf verteilen. Mit Klarsichtfolie bedecken, leicht beschweren und kalt stellen. Heilbuttfilet 2 Tage marinieren lassen und zweimal täglich wenden.

2. Rote Bete gründlich waschen, in Salzwasser mit etwas Kümmel in etwa 60 Minuten gar kochen. Abgießen und unter fließendem kaltem Wasser die Schale von der Roten Bete abreiben. Die Rote Bete abkühlen lassen und mit einem Küchenhobel in dünne Scheiben hobeln.

3. Teller dünn mit etwas Olivenöl bepinseln und mit den Rote-Bete-Scheiben belegen. Mit Salz, Pfeffer und Koriander würzen. Olivenöl mit Kürbiskernöl und Zitronensaft vermischen und die Rote Bete damit bepinseln.

4. Gebeizten Heilbutt in dünne Scheiben schneiden, zu Blüten aufdrehen und in der Mitte des Tellers anrichten.

T!P Gebeizten Heilbutt gibt es auch fertig zu kaufen. Sollte es keinen frischen Heilbutt geben, kann man mit dieser Gewürzmischung auch gut große Forellenfilets zum Marinieren verwenden.

T!P Statt des Rote-Bete-Carpaccios geputzte Steinpilze im Ganzen in etwas Olivenöl und Zitronensaft dünsten und in dünne Scheiben schneiden. Wie die Rote Bete marinieren.

Das leichte und vielseitig kombinierbare Geflügelfleisch ist aus der Bistroküche nicht mehr wegzudenken. Bereitete man früher eher ein klassisches Huhn in Rotwein zu, machen wir heute eher Anleihen an die italienische oder asiatische Küche, wie Putenröllchen mit Tomate und Mozzarella und Küken in Hoisinsauce beweisen.

ENTENKEULE IN ORANGEN-PFEFFER-SAUCE

Vorbereitung: 20 Min.
Zubereitung: 60 Min.

5 Orangen (davon 1 unbehandelt)
4 große Entenkeulen à 180–200 g
oder bei kleinen Keulen 2 pro Person
Salz
frisch gemahlener Pfeffer
2 EL Pflanzenfett
4 Schalotten
1 Lorbeerblatt
2 Wacholderbeeren
Majoran
1 Nelke
10 Pfefferkörner
250 ml (1/4 l) Rotwein
250 ml (1/4 l) brauner Fond

Für die Orangen-Pfeffer-Sauce:

1 EL Butter
3 EL Zucker
4 cl Grand Marnier
2 EL eingelegter grüner Pfeffer

1. Zwei der Orangen schälen, filetieren und die Filets beiseite stellen. Von einer Orange mit einem Juliennereißer die Schale abziehen. Eine 1/2 Orange in grobe Würfel schneiden, den Rest auspressen und den Saft beiseite stellen.

2. Die Entenkeulen mit Salz und Pfeffer würzen. In einem ofenfesten Schmortopf die Entenkeulen ringsherum in Pflanzenfett anbraten.

3. Schalotten abziehen und in Streifen schneiden, mit der geschnittenen Orange und den Gewürzen zusammen zu den Entenkeulen in den Topf geben.

4. Kurz mit andünsten und mit dem Rotwein ablöschen. Die Hälfte des braunen Fonds angießen und nicht abgedeckt auf dem Rost in den Backofen schieben.

Ober-/Unterhitze: 180–200 °C (vorgeheizt)
Heißluft: 160–180 °C (nicht vorgeheizt)
Gas: Stufe 3–4 (vorgeheizt)
Schmorzeit: etwa 45 Minuten (je nach Alter der Ente).

5. Nach Hälfte der Garzeit den restlichen Fond angießen und die Keulen wenden. Wenn die Keulen gar sind, herausnehmen und warm stellen. Den Fond durch ein Haarsieb geben.

6. Für die Sauce Butter und Zucker in einem Topf karamelisieren. Mit dem Orangensaft und dem Grand Marnier ablöschen, den Karamel loskochen, mit der Entensauce auffüllen und einkochen lassen.

7. Orangenschale in kochendem Wasser kurz überbrühen und in die Sauce geben. Grünen Pfeffer zugeben und mit Salz abschmecken. Zum Schluß die Orangenfilets in die fertige Sauce legen und die Entenkeulen wieder in die Sauce zurückgeben und servieren.

T!P **Wem die Zubereitung der Entenkeule zu aufwendig ist, kann auch französische Barberieentenbrüste kaufen, in der Pfanne braten, herausnehmen und die Sauce wie beschrieben unter Verwendung eines braunen Fonds zubereiten.**

T!P **Für ein kaltes Buffet kann man auch eine ganze Ente auf diese Weise zubereiten. In mundgerechte Stücke schneiden und mit Orangenfilets und Orangenschalenstreifen kalt servieren.**

BACKHENDL MIT KARTOFFEL-LINSEN-SALAT

Vorbereitung: 15 Min., ohne Einweichzeit der Linsen
Zubereitung: 55 Min.

Für den Kartoffel-Linsen-Salat:

50 g Linsen
40 g Möhrenwürfel
1 Schalotte, gewürfelt
20 g Speckwürfelchen
1 Thymianzweig
1 Lorbeerblatt

200 g kleine Kartoffeln, z. B. Sieglinde
Salzwasser

Für das Dressing:

1 TL Senf
1 EL Himbeeressig
1 EL Aceto balsamico
3 EL Traubenkernöl
Zucker
Schnittlauch
gehackte Blattpetersilie

2 junge Hähnchen (vom Geflügelhändler halbiert und die Rippen- und Brustknochen herausgebrochen, so daß nur noch die Flügel- und die Keulenknochen darin sind)
Salz
frisch gemahlener Pfeffer,
Paprika edelsüß
150 g Weizenmehl
2 Eier
Semmelbrösel
1 kg Fritierfett

4 Zitronenhälften

1. Für den Kartoffel-Linsen-Salat Linsen über Nacht in Wasser einweichen. Mit dem Einweichwasser und den Gemüse- und Speckwürfeln, Thymian und Lorbeerblatt in etwa 30 Minuten gar kochen. Mit dem Kochwasser beiseite stellen.

2. Kartoffeln waschen, in Salzwasser in etwa 20 Minuten gar kochen, pellen und in Scheiben schneiden.

3. Für das Dressing alle Zutaten verrühren, und damit die abgegossenen Linsen und die Kartoffelscheiben anmachen. Evtl. noch etwas vom Kochwasser hinzufügen, damit der Salat schön saftig in der Konsistenz ist. Gut durchziehen lassen.

4. Hähnchenhälften unter fließendem kaltem Wasser abspülen, trockentupfen, kräftig würzen. Im Mehl wenden und durch die verquirlten Eier ziehen. In Semmelbröseln wenden und die Brösel gut andrücken. Überschüssige Brösel abklopfen.

5. Fritierfett erhitzen und die Hähnchen darin goldgelb ausbacken. Nach dem ersten Backen den Korb mit den Hähnchen nochmals herausnehmen, Fett wieder erhitzen lassen und dann je nach Zeit,- und Temperaturangabe des Friteusenherstellers fertig backen.

6. Linsensalat mit den Backhähnchen anrichten und mit den Zitronenhälften servieren.

ucette au Château du

COQ AU VIN

Huhn in Rotweinsauce

Vorbereitung: 30 Min. ohne Marinierzeit
Zubereitung: 65 Min.

1 Huhn von etwa 1200 g (oder 2 Keulen und 2 Brüste)
50 g Silberzwiebeln
3 mittelgroße Möhren
50 g Staudensellerie
1 Lorbeerblatt
10 Pfefferkörner
1 Thymianzweig
1 abgezogene Knoblauchzehe
500–750 ml (1/2–3/4 l) Rotwein
Salz
frisch gemahlener Pfeffer
Weizenmehl
2 EL Speiseöl
80 g durchwachsener Speck, in Streifen
150 g geputzte Champignons
1 EL Tomatenmark
2 Scheiben Toastbrot
2 EL Weizenmehl
30 g Butter
2 EL gehackte glatte Petersilie

1. Huhn unter fließendem kaltem Wasser abspülen, trockentupfen, in Stücke schneiden. Brust und Keule jeweils noch einmal halbieren.

2. Silberzwiebelchen abziehen, Möhren schälen, Staudensellerie putzen, die harten Fäden von der Außenseite abziehen, waschen und beides in Scheiben schneiden.

3. Gefügelteile mit Gemüsen, Lorbeer, Pfefferkörnern und Thymian in ein Gefäß geben und mit dem Rotwein bedecken. Im Kühlschrank 24 Stunden durchziehen lassen.

4. Gefügelteile herausnehmen, abtropfen lassen und mit Küchenpapier trockentupfen. Mit Salz und Pfeffer würzen und leicht in Mehl wenden.

5. Öl in einer ofenfesten Schmorpfanne erhitzen, Speckstreifen hineingeben und kroß ausbraten. Champignonviertel mit dazugeben, kurz mit anbraten und mit dem Speck herausnehmen und beiseite stellen.

6. In dem ausgelassenen Fett die Geflügelteile ringsherum anbraten. Möhren und Zwiebelchen zugeben und mit anbraten.

7. Tomatenmark zugeben, mit anrösten, mit einem Schuß Rotweinmarinade ablöschen, wenn der Ansatz eingekocht ist, mit Weizenmehl bestäuben und rösten. Mit der restlichen Rotweinmarinade auffüllen, aufkochen lassen und zugedeckt im Backofen schmoren lassen.

Ober-/Unterhitze: etwa 200 °C (vorgeheizt)
Heißluft: etwa 180 °C (nicht vorgeheizt)
Gas: Stufe 3–4 (vorgeheizt)
Backzeit: etwa 10 Minuten (Brust- und Flügel), etwa 20 Minuten (Keulen).

8. Die Teile jeweils herausnehmen.

9. Sauce mit dem Gemüse einkochen lassen. Lorbeerblatt, Thymian und Knoblauchzehe herausfischen. Mit Salz und Pfeffer abschmecken und die Hühnerteile, bis auf die Knochen, wieder in die Sauce zurückgeben.

10. Toastscheiben entrinden, halbieren und in 1-cm-starke Streifen schneiden. Butter in der Pfanne aufschäumen lassen und die Brotstreifen darin goldbraun rösten. Zum Schluß die Speckstreifen und die Champignons mit hineingeben und alles zusammen über das angerichtete Huhn geben. Mit der gehackten Petersilie bestreuen.

BALLOTINE VON DER POULARDEN-KEULE MIT WIRSING-SPROSSEN-GEMÜSE

Vorbereitung: 20 Min.
Zubereitung: 20 Min.

4 große Poulardenkeulen
Salz
frisch gemahlener Pfeffer

Für die Füllung:

4 ganze Geflügellebern
1 EL Speiseöl
Majoran
1/2 Rezept Semmelknödel
Seite 118

Butter zum Fetten der Folie
Salzwasser

1 kleiner Zweig Rosmarin
30 g Butter
125 ml (1/8 l) Geflügelfond

Für das Wirsing-Sprossen-Gemüse:

300 g Wirsing
300 g Kartoffeln
1 kleine Zwiebel
125 ml (1/8 l) Fleisch- oder Gemüsebrühe
30 g Schweineschmalz
250 ml (1/4 l) Schlagsahne
125 g Crème fraîche
60 g Sojasprossen
60 g Shiitake-Pilze
Petersilie

1. Bei Poulardenkeulen den Keulenknochen herauslösen, mit der Hautseite nach außen legen und etwas flach drücken, mit Salz und Pfeffer würzen.

2. Geflügellebern unter fließendem kaltem Wasser abspülen, evtl. Sehnen entfernen, trockentupfen, in grobe Würfel schneiden. Kurz in einer heißen Pfanne mit etwas Öl anbraten, so daß die Leberwürfel innen noch rosa sind. Mit Salz, Pfeffer und etwas Majoran würzen und unter die Semmelknödelfüllung mischen. Die Füllung zu 4 Kugeln formen und jeweils in die Mitte der Poulardenkeulen geben. Zu einer Kugel formen und vorsichtig in gebutterte Alufolie eindrehen, ohne daß dabei die Folie einreißt.

3. In einem Topf Salzwasser aufkochen und die Päckchen hineingeben. 3 Minuten kochen lassen, mit einem Deckel bedecken, vom Herd nehmen und zugedeckt auskühlen lassen. Nach dem Auskühlen die Kugel aus dem Wasser nehmen.

4. Die Ballotine aus der Folie auswickeln und in einer Pfanne mit Butter goldbraun von allen Seiten anbraten. Einen Rosmarinzweig dazugeben und auf dem Rost in den Backofen schieben.

Ober-/Unterhitze: etwa 200 °C (vorgeheizt)
Heißluft: etwa 180 °C (nicht vorgeheizt)
Gas: Stufe 3–4 (vorgeheizt)
Backzeit: 10–15 Minuten.

5. Herausnehmen und den Bratensatz mit dem Gefügelfond ablöschen.

6. Für das Wirsing-Sprossen-Gemüse die äußeren Blätter des Wirsings entfernen, die restlichen Blätter waschen und die Mittelrippe herausschneiden. Die Blätter in Streifen schneiden, kurz in kochendem Wasser blanchieren und in Eiswasser abschrecken.

7. Die Kartoffeln schälen und in etwa 1 cm große Würfel schneiden. Die Zwiebel abziehen und in kleine Würfel schneiden. Kartoffel- und Zwiebelwürfel im Schmalz bei schwacher Hitze anbraten. Die Brühe dazugeben und das ganze bei geschlossenem Deckel weich dünsten.

8. Die Shiitake-Pilze, die Sojasprossen und den Wirsing zugeben und kurz mitdünsten. Abschmecken mit Salz, Pfeffer, Muskatnuß und etwas Majoran. Danach mit der Sahne und der Crème fraîche binden. Frisch geschnittene Petersilie dazugeben.

ENTENLEBER-PARFAIT MIT MADEIRAGELEE UND BOHNEN-SALAT

Vorbereitung: 20 Min.
Zubereitung: 3 Std.

250 g Entenleber
250 g Butter
1 abgezogene Schalotte
6 cl roter Portwein
4 cl Madeira
1 Thymianzweigchen
1 Wacholderbeere
½ Lorbeerblatt
Salz
frisch gemahlener Pfeffer
geriebene Muskatnuß

300 g grüner Speck zum Auslegen der Terrinenform

Für das Madeiragelee:

4 Blatt weiße Gelatine
100 ml kräftige Consommé
8 cl Madeira

Für den Bohnensalat:

200 g Keniaböhnchen
2 EL Olivenöl
1 EL Aceto balsamico
1 Prise Zucker

TIP: Wenn Entenleber nicht zu bekommen ist, kann man sie durch Poulardenleber ersetzen.

1. Entenleber von den groben Sehnen befreien (Achtung, daß keine Gallenreste an der Leber sind). Leber kurz abspülen, trockentupfen.

2. Butter in einem Töpfen erhitzen, bis sich die Molke trennt. Vom Herd nehmen und die Molke am Topfboden absetzen lassen.

3. Schalotte fein würfeln und mit dem Portwein, dem Madeira und den Gewürzen einkochen lassen.

4. Leber in den Küchenmixer geben und fein pürieren lassen. Die Weinsauce durch ein Sieb hinzugeben und während des Mixens

die flüssige, handwarme Butter einmixen. Mit Salz, Pfeffer und einem Hauch Muskatnuß kräftig abschmecken.

5. Mit dem grünen Speck (am besten schon vom Metzger in dünne Platten schneiden lassen) eine passende Terrinenform gleichmäßig auskleiden und oben einen Rand überstehen lassen, mit dem die gefüllte Terrinenform wieder verschlossen werden kann. Lebermasse durch ein feines Haarsieb in die Terrinenform füllen. Terrine mittels der überlappenden Speckscheiben verschließen. Eine Fettfangschale etwa 2 cm hoch mit kochendem Wasser füllen, die Terrinenform hineinstellen und in den Backofen schieben.

Ober-/Unterhitze: etwa 130 °C (vorgeheizt)
Heißluft: etwa 110 °C (nicht vorgeheizt)
Gas: Stufe 1–2 (vorgeheizt)
Backzeit: etwa 45 Minuten.

6. Herausnehmen und im Kühlschrank gut durchkühlen lassen..

7. Für das Madeiragelee Gelatine etwa 10 Minuten in kaltem Wasser einweichen. Consommé mit dem Madeira aufkochen. Evtl. mit Salz nachwürzen. Gelatine ausdrükken und in der heißen Consommé auflösen. Kalt stellen und das Gelee nach dem Stocken in kleine Würfelchen schneiden.

8. Für den Bohnensalat Böhnchen putzen, waschen und in Salzwasser kurz kochen, damit die Böhnchen noch einen leichten Biß haben. In Eiswasser abschrecken, damit sie ihre schöne Farbe behalten. Böhnchen mit Olivenöl und Balsamico marinieren und mit Salz, Zucker und Pfeffer abschmecken.

9. Die Terrine stürzen. Mit einem heißen Messer Scheiben abschneiden. Jeweils eine Terrinenscheibe auf die Teller legen und rings herum mit dem Madairagelee garnieren. Bohnensalat herumstreuen und servieren.

TIP

Als Beilage Brioche oder Toast servieren. Sollte es ihr Budget zulassen, können sie unter die passierte Lebermasse frische feingeschnittene Trüffelwürfelchen rühren.

PUTENRÖLLCHEN, MIT TOMATE UND MOZZARELLA GEFÜLLT

Vorbereitung: 25 Min.
Zubereitung: 40 Min.

Für die Gemüserosette :

4 mittelgroße Kartoffeln
4 kleine Flaschentomaten
1 Zucchini
4 EL Olivenöl
Salz
frisch gemahlener Pfeffer
40 g frisch geriebener Parmesan
einige frische Thymianblättchen

500 g Putenbrust

Für die Füllung:

100 g Büffelmozzarella
100 g Tomatenwürfel von enthäuteten, entkernten Tomaten
8 Basilikumblätter, fein geschnitten

3 EL Olivenöl
1 kleiner Rosmarinzweig
100 ml Weißwein
125 ml (1/8 l) Geflügelfond
50 g kalte Butter

1. Kartoffeln schälen, waschen und in dünne Scheiben schneiden. Tomaten waschen, den Stengelansatz herausschneiden, die Tomaten in dünne Scheiben schneiden. Von der Zucchini die Enden abschneiden, ebenfalls in dünne Scheiben schneiden.

2. Kartoffel- und Zucchinischeiben von beiden Seiten in einer Pfanne mit Olivenöl leicht anbraten. Auf einem Küchenpapier abtropfen lassen. Abwechselnd Tomaten-, Zucchini- und Kartoffelscheiben auf einem gefetteten Backblech zu 4 Kreisen legen. Mit Salz und Pfeffer würzen und mit dem frisch geriebenem Parmesan und etwas Thymian bestreuen und in den Backofen schieben.

Ober-/Unterhitze: etwa 200 °C (vorgeheizt)
Heißluft: etwa 180 °C (nicht vorgeheizt)
Gas: Stufe 3–4 (vorgeheizt)
Backzeit: etwa 10 Minuten.

3. Putenbrust unter fließendem kaltem Wasser abspülen, trockentupfen und in acht dünne Schnitzel schneiden. Mit der flachen Seite eines breiten Messers leicht flachdrücken, mit Salz und Pfeffer würzen.

4. Für die Füllung Mozzarella in Würfel schneiden, mit den Tomatenwürfeln und dem Basilikum mischen und mit Salz und Pfeffer würzen. Die Füllung jeweils auf den Schnitzeln verteilen und die Schnitzel zu Röllchen rollen. Mit einem Zahnstocher

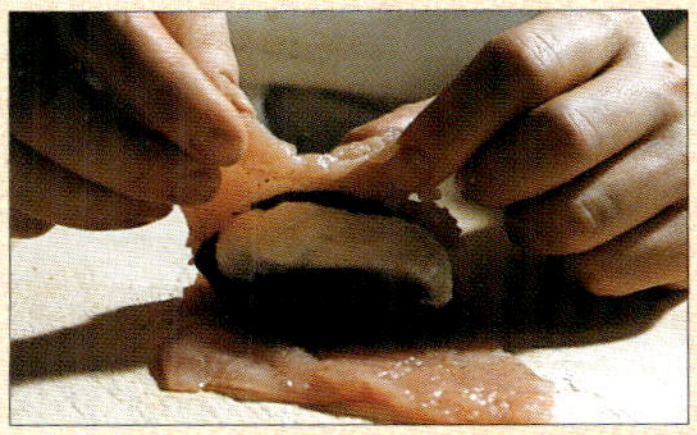

zusammenstecken, damit die Röllchen sich beim Braten nicht wieder aufrollen. Von außen ebenfalls würzen und in einer Pfanne mit Olivenöl und einem Rosmarinzweig ringsherum anbraten.

5. 10 Minuten bei gleicher Temperatur im Backofen garziehen lassen, herausnehmen.

6. Bratensatz mit dem Weißwein ablöschen, den Geflügelfond dazugeben und die kalte Butter in Stückchen mit dem Pürierstab unterschlagen. Evtl. mit Salz und Pfeffer abschmecken.

7. Die Gemüserosetten auf den Teller legen, Röllchen in der Mitte anrichten und mit Sauce überziehen.

T!P **Das Gericht läßt sich gut vorbereiten. Schieben Sie die angebratenen Röllchen dann kurz vor dem Essen zusammen in den Backofen. So ist es auch ein gutes Gericht, wenn sie Gäste haben. Es läßt sich auch problemlos für mehrere Gäste zubereiten.**

KONFIT VON DER GÄNSEKEULE

Vorbereitung: 20 Min., ohne Marinierzeit
Zubereitung: 2 Std.

Für die Marinade:

2–3 abgezogene Knoblauchzehen
etwa 40 g Salz
1 TL Zucker
10 zerstoßene Pfefferkörner
1 Thymiansträußchen
1 EL Speiseöl
2 Lorbeerblätter

4 Gänsekeulen
400 g Gänseschmalz
250 ml (1/4 l) Weißwein
12 kleine Kartoffeln
100 g frische Silberzwiebeln
1 Apfel
1 kleine Sellerieknolle
125 ml (1/8 l) Geflügelfond

1. Aus den abgezogenen zerdrückten Knoblauchzehen, dem Salz, Zucker, Pfeffer, Thymian, Öl und den Lorbeerblättern eine Marinade zubereiten und die Gänsekeulen damit einreiben und darin 1–2 Tage im Kühlschrank marinieren lassen.

2. In einer Kasserolle die Gänsekeulen in etwas Gänseschmalz goldbraun braten. Weißwein und das restliche Gänseschmalz zugeben, Deckel schließen und je nach Größe und Alter der Gans die Keulen 1 1/2–2 Stunden langsam bei schwacher Hitze garen. Sollte das Fett zu braun werden, noch etwas Wein zugießen (Achtung, daß das Fett dabei nicht zu heiß ist, es spritzt!).

3. In der Zwischenzeit die Kartoffeln schälen, die Silberzwiebeln abziehen und mit den Keulen zusammen im Fett garen, je nach Garzeit wieder herausnehmen.

Den Apfel abspülen, in Spalten schneiden und entkernen. Sellerie schälen, waschen und in dünne Scheiben schneiden.

4. Wenn die Keulen gar sind (mit der Fleischgabel hineinstechen, wenn die Keule von der Gabel rutscht, ist sie weich), herausnehmen und warm halten. Das Fett nochmals erhitzen und darin Apfelspalten und Selleriescheiben darin ausbacken.

5. Alles auf den Tellern verteilen, mit etwas heißem Geflügelfond übergießen.

T!P **Sollten sie noch eine Leber von der Gans haben, kann man sie zum Schluß auch mit im Gänsefett fritieren und dazu servieren.**
Die Gänsekeulen ohne Zugaben kann man noch heiß in ein Einmachglas füllen, verschlossen und kühl aufbewahrt, sind sie einige Zeit haltbar.

KÜKEN MIT HOISINSAUCE AUF GEBRATENEM GEMÜSE

Vorbereitung: 20 Min.
Zubereitung: 10 Min.

4 Stubenküken
Salz
frisch gemahlener Pfeffer
4 EL Hoisinsauce (gibt es im Asiashop fertig zu kaufen)

400 g rohes geputztes Gemüse, wie Staudensellerie, Zuckerschoten, Spargel, Möhren, Sojasprossen, rote Paprika, Shiitake-Pilze, Paksoi, Palmensprossen (wenn nicht frisch erhältlich, aus der Dose)
2 EL Sesamöl
10 g frischer geschälter Ingwer
Korianderblättchen
2 EL Austernsauce (gibt es im Asiashop fertig zu kaufen)

1. Stubenküken unter fließendem kaltem Wasser abspülen, trockentupfen. Vom Rükken her bis zum Brustbein halbieren, auseinanderklappen und von innen sämtliche Knochen bis auf Flügel- und Beinknochen herausschneiden. Mit 2 Schaschlikspießen quer durchstechen, damit sich das Fleisch beim Braten nicht verzieht. Fleisch mit Salz und Pfeffer würzen und im Elektrogrill oder in einer Grillpfanne 5 Minuten grillen. Herausnehmen und auskühlen lassen.

Mit Hoisinsauce ringsherum bepinseln und nochmals 5 Minuten in den heißen Backofen schieben.

2. Das Gemüse in etwa gleichgroße Stifte und Scheiben schneiden. In einem Wok (wenn vorhanden, sonst geht auch eine Teflonpfanne) Sesamöl erhitzen. Gemüse bei starker Hitze darin kurz anbraten. Den frisch geschnittenen Ingwer und geschnittenen Koriander zugeben und mit Salz und Pfeffer würzen.

3. Zum Schluß die Austernsauce hineinrühren und auf den Tellern anrichten. Küken aus dem Backofen nehmen, Spieße herausziehen. Die Küken in Stücke oder Scheibchen schneiden und auf dem gebratenem Gemüse anrichten.

POULARDENBRUST AUF WEISSEM BOHNENPÜREE UND SCHWARZER OLIVENSAUCE

Vorbereitung: 20 Min.,
ohne Einweichzeit der Bohnen
Zubereitung: 2 Std.

Für das Bohnenpüree:

140 g getrocknete weiße Bohnen
1 Lorbeerblatt
30 g durchwachsener Speck
30 g Butter
2 EL Crème fraîche
Salz
frisch gemahlener Pfeffer

4 Poulardenbrüste mit Haut
2 EL Olivenöl
1 Zweig Rosmarin

Für die Sauce:

50 g schwarze, entkernte Oliven
125 ml (1/8 l) Geflügelfond
1 EL kaltgepreßtes Olivenöl

Für die Kartoffelhörnchen:

400 g Kartoffeln
1 kg Fritierfett

1. Für das Bohnenpüree die weißen Bohnen am Vortag in reichlich Wasser einweichen. Am nächsten Tag mit dem Einweichwasser, Lorbeerblatt, Speck zum Kochen bringen und langsam etwa 90 Minuten köcheln lassen, bis die Bohnen weich sind. Die Bohnen abgießen, Speck und Lorbeerblatt herausnehmen. Die Bohnen durch ein Sieb streichen. Das Bohnenpüree mit Butter und Crème fraîche glattrühren, evtl. noch etwas Kochwasser hinzufügen, damit es ein lockeres und cremiges Püree gibt. Mit Salz und Pfeffer abschmecken.

2. Die Poulardenbrüste unter fließendem kaltem Wasser abspülen, trockentupfen, mit Salz und Pfeffer würzen. In einer heißen, ofenfesten Pfanne in Olivenöl mit dem Rosmarinzweig auf der Hautseite anbraten, wenden. Die Pfanne in den Backofen schieben.

Ober-/Unterhitze: etwa 220 °C (vorgeheizt)
Heißluft: etwa 200 °C (nicht vorgeheizt)
Gas: Stufe 4–5 (vorgeheizt)
Backzeit: etwa 8 Minuten.

3. Für die Sauce in der Zwischenzeit die Oliven fein wiegen. Die Pfanne aus dem Backofen nehmen, die Poulardenbrüste warm stellen. Den Rosmarinzweig ebenfalls herausnehmen. Die feingewiegten Oliven in die Pfanne geben und mit dem Geflügelfond zu einer Sauce verkochen. Das kalte Olivenöl in die Sauce schlagen.

4. Für die Kartoffelhörnchen die Kartoffeln waschen, schälen und mit dem Spiralbohrer Spiralen herausdrehen. Die Spiralen in heißem Fritierfett goldbraun ausbacken und salzen.

5. Jeweils etwas Bohnenpüree auf vorgewärmte Teller geben. Die Poulardenbrust daraufgeben, mit der Olivensauce überziehen und die Kartoffelhörnchen dazugeben.

T!P **Man kann auch eine ganze Poularde braten und mit der Olivensauce und den Beilagen servieren.**

Fleischgerichte sind meistens nicht die schnellsten Angebote aus der Bistroküche sondern die, die sich gut vorbereiten lassen und dann langsam vor sich herschmurgeln wie der Ochsenschwanz. Aber auch schnelle Rezepte finden Sie hier, wie die Berliner Kalbsleber.

OSSO BUCCO VON DER LAMMHAXE

Vorbereitung: 50 Min.
Zubereitung: 90 Min.

4 Lammhaxen (vom Metzger schon in 3 cm starke Beinscheiben sägen lassen)
Salz
frisch gemahlener Pfeffer
2 EL Weizenmehl
3 EL Olivenöl
1 Zwiebel
2 Möhren
1/2 Staudensellerie
1 abgezogene Knoblauchzehe
je 1 Zweig Thymian, Rosmarin, Salbei, Majoran
1 Lorbeerblatt
1 EL Tomatenmark
100 g Tomatenfleischwürfel (aus der Dose oder von blanchierten Flaschentomaten)
125 ml (1/8 l) Weißwein
500 ml (1/2 l) brauner Kalbsfond
1 abgezogene Knoblauchzehe
Schale von 1/2 Zitrone (unbehandelt)
2 EL gehackte glatte Petersilie

Für die gebratene Polenta:

200 ml Milch
20 g Butter
geriebene Muskatnuß
45 g Maisgrieß
1 Ei
Olivenöl

1. Die Beinscheiben würzen und in Mehl wenden. Olivenöl in einer ofenfesten Schmorpfanne erhitzen und die Beinscheiben darin rundherum anbraten.

2. Zwiebel abziehen. Möhren putzen, schälen, Sellerie putzen, die harten Fäden an der Außenseite abziehen. Möhren und Sellerie waschen. Gemüse in etwa 1-cm-große Würfel schneiden, Knoblauchzehe feinschneiden und mit den gehackten Kräutern und dem Lorbeerblatt alles in die Schmorpfanne geben. Kurz mit andünsten, Tomatenmark und Tomatenfleisch zugeben und mit andünsten.

3. Mit Weißwein ablöschen und knapp mit etwas braunen Fond auffüllen. In den Backofen schieben und ab und zu die Haxenscheiben wenden und etwas Fond nachgießen.

Ober-/Unterhitze: etwa 170 °C (vorgeheizt)
Heißluft: etwa 150 °C (nicht vorgeheizt)
Gas: Stufe 3–4 (vorgeheizt)
Backzeit: etwa 75 Minuten.

4. Die Haxen gut weich schmoren und mit Salz und Pfeffer abschmecken. Das Gemüse bleibt als Einlage in der Sauce.

5. Das Gelbe der Zitronenschale und die restliche Knoblauchzehe fein hacken und mit der Petersilie vermischen und beim Anrichten über das Gericht streuen.

6. Milch und Butter aufkochen. Mit Salz und Muskat würzen. Grieß einrühren und mit dem Kochlöffel abrühren, bis der Grieß ausgequollen ist. Vom Herd nehmen, etwas abkühlen lassen und dann das Ei einarbeiten.

7. Auf ein eingeöltes Holzbrett geben und mit der Teigrolle etwa 2 cm dick ausrollen. Erkalten lassen und bei Bedarf in Rauten schneiden oder mit einem Ausstecher halbmondförmig ausstechen, in einer geölten Pfanne goldbraun ausbraten.

T!P **Den Polentateig zwischen zwei gleichdicken Holzleisten oder Kochlöffeln ausrollen, so wird der Teig gleichmäßig dick.**

LASAGNE VOM OCHSENSCHWANZ MIT MÖHREN-PORREE-GEMÜSE

Vorbereitung: 50 Min.
Zubereitung: 90 Min.

Nudelteig: siehe Cannelloni von Meeresfrüchten (Seite 58)

Für die Steinpilze in Rahm:

250 g Steinpilze
2 EL Butter
1 abgezogene Schalotte, feingeschnitten
4 cl Weißwein
125 ml (1/8 l) Schlagsahne
Zitronensaft
Salz, Pfeffer
1 EL feingehackte Petersilie
1 EL feingeschnittener Schnittlauch

Olivenöl
Ochsenschwanzragout (Rezept Seite 98)
3 EL geriebener Parmesan
2 EL geschlagene Sahne

Für das Möhren-Porree-Gemüse:

300 g Möhren
2 Stangen Porree (Lauch)
80 g Butter
1 Sträußchen Petersilie
250 ml (1/4 l) Mineralwasser
1 EL Butter
geriebene Muskatnuß

1. Nudelteig dünn ausrollen und 16 Rechtecke 10 x 6 cm ausschneiden und in kochendem Salzwasser blanchieren, in Eiswasser abschrecken und mit Küchenkrepp trockentupfen.

2. Die Steinpilze putzen, mit Küchenpapier abreiben, in etwa 5 mm dicke Scheiben schneiden.

Eine Pfanne erhitzen und Butter darin aufschäumen lassen. Die Steinpilze hineingeben und goldbraun anbraten. Die Schalotten zugeben und mit andünsten. Mit Salz, Pfeffer und einigen Tropfen Zitronensaft würzen. Anschließend mit dem Weißwein ablöschen und mit Sahne auffüllen. Einkochen lassen und evtl. nochmals abschmecken. Die Petersilie und den Schnittlauch dazugeben.

3. Eine feuerfeste Form mit Olivenöl auspinseln. Den Boden mit 4 Nudelplatten eng aneinander auslegen, mit Ochsenschwanzragout bedecken und mit 4 Nudelplatten bedecken. Steinpilze in Rahm daraufgeben (von der Steinpilzsauce etwas zum Überbakken übriglassen) und ebenfalls mit 4 Nudelplatten bedecken. Vorgang nochmals mit Ochsenschwanzragout und 4 Nudelplatten wiederholen.

Restliche Steinpilzsauce mit geriebenem Parmesan und geschlagener Sahne vermischen. Die oberste Nudelschicht damit bedecken, die Form auf dem Rost in den Backofen schieben.

Ober-/Unterhitze: etwa 200 °C (vorgeheizt)
Heißluft: etwa 180 °C (nicht vorgeheizt)
Gas: Stufe 3–4 (vorgeheizt)
Backzeit: etwa 30 Minuten.

4. Zum Schluß eventuell noch nur mit Oberhitze kurz überbacken.

5. Für das Möhren-Porree-Gemüse Möhren schälen, waschen, längs halbieren und schräg in Balken schneiden. Porree putzen, waschen, in 1 cm starke Ringe schneiden, kurz in Salzwasser blanchieren und in Eiswasser abschrecken.

6. Butter in einem Topf zerlassen. Möhren hineingeben, Petersiliensträußchen und Mineralwasser zugeben. Mit Deckel abdecken und bei kleiner Hitze fast weichdünsten. Mit der restlichen Butter den Fond binden und Lauch dazugeben und garen. Mit Salz, Pfeffer, Zucker und einem Hauch Muskat abschmecken.

7. Lasagne portionsweise aus der Form auf die Tellermitte geben. Möhren und Lauch um die Lasagne legen.

LAMMRÜCKEN IN DER PESTOKRUSTE

Vorbereitung: 20 Min.
Zubereitung: 30 Min.

250 g Basilikum
1 abgezogene Knoblauchzehe
70 g Pinienkerne
250 ml (1/4 l) Olivenöl
80 g geriebener Parmesan
Salz, Pfeffer
Semmelbrösel
etwa 180 g Lammrückenstränge pro Person

1. Das Basilikum abspülen, gut trockentupfen, mit dem Knoblauch in einem Blitzhacker fein mixen.

2. Die Pinienkerne nach und nach untermixen, nun das Olivenöl untermischen. Zum Schluß den Parmesan hineinrühren.

3. Eventuell mit Salz und Pfeffer nachwürzen. Falls die Pesto zu flüssig ist, kann man etwas Semmelbrösel untermischen.

4. Die Lammrückenstränge mit Salz und Pfeffer würzen, bei mäßiger Hitze in etwas Öl in einer ofenfesten Form anbraten und mit Pesto bestreichen. Anschließend auf dem Rost in den Backofen schieben.

Ober-/Unterhitze: etwa 200 °C (vorgeheizt)
Heißluft: etwa 180 °C (nicht vorgeheizt)
Gas: Stufe 3–4 (vorgeheizt)
Bratzeit: etwa 15 Minuten.

SAUERBRATEN VOM HIRSCH MIT ROTKOHL UND KARTOFFELKLÖSSEN

Vorbereitung: 60 Min., ohne Marinierzeit
Zubereitung: 3 Std.

Für die Marinade :

1 Möhre
1 große Zwiebel
40 g Knollensellerie
1/2 Stange Porree (Lauch)
500 ml (1/2 l) kräftiger Rotwein
100 ml Rotweinessig
6 Wacholderbeeren
1 Lorbeerblatt
2 Nelken
10 Pfefferkörner
1 EL Zucker
1 TL Salz

750 g Hirschschulter ohne Knochen

Für den Rotkohl:

1 großer Rotkohl
1/2 abgezogene gewürfelte Zwiebel

2 Äpfel, geschält und
in Würfel geschnitten
125 ml (1/8 l) Rotwein
5 cl Cassis
125 ml (1/8 l) Orangensaft
5–6 EL Weinessig
1 Messerspitze gemahlener Zimt
2 Nelken
1/2 Lorbeerblatt
3 Wacholderbeeren
60 g Gänseschmalz
100 g Preiselbeerkonfitüre
Salz
Zucker
gemahlener Zimt
1–2 Kartoffeln

frisch gemahlener Pfeffer
4 EL Weizenmehl
2 EL Schweineschmalz
2 EL Tomatenmark
50 g Rosinen
2 EL Rübenkraut

2 kleine Birnen
8 cl Weißwein
30 g Zucker
1/4 Zimtstange
4 EL Preiselbeeren (aus dem Glas)

Für die Kartoffelklöße:

1 kg Pellkartoffeln
200 g Kartoffelstärke
150 ml Milch
1 Ei
geriebene Muskatnuß
60 g Butter
100 g Weißbrotwürfel ohne Rinde

Butter
Semmelbrösel

1. Für die Marinade Gemüse waschen, putzen und grob schneiden. Mit den restlichen Zutaten zusammen mit dem Fleisch in ein Gefäß geben. Das Gefäß so wählen, daß das Fleisch mit Flüssigkeit gut bedeckt ist. Kühl stellen und bei gelegentlichem Wenden das Fleisch 3–4 Tage marinieren lassen.

2. Für den Rotkohl am Tag vor dem Verzehr von dem Rotkohl die groben äußeren Blätter ablösen, den Kohl vierteln, den Strunk herausschneiden, den Kohl waschen, sehr fein schneiden oder hobeln. Die Rotkohlstreifen mit Zwiebel- und Apfelwürfeln, Rotwein, Cassis, Orangensaft, Weinessig, Zimt und einem Gewürzsäckchen aus Nelken, Lorbeer und Wacholder marinieren.

3. Fleisch aus der Marinade nehmen und trockentupfen. Marinade durch ein Sieb gießen. Fleisch mit Salz und Pfeffer würzen, in Mehl wenden und in einem Topf in heißem Schmalz anbraten.

4. Fleisch herausnehmen und beseite stellen. Abgegossenes Gemüse und Gewürze in den Topf geben, mit andünsten und Tomatenmark zugeben. Anbräunen und mit etwas Marinade ablöschen. Vorgang mehrmals wiederholen, bis der Bratansatz gut gebräunt ist. Mit Mehl bestäuben, anrösten und mit der restlichen Marinade und Wasser auffüllen. Mit dem Schneebesen losrühren und aufkochen lassen.

6. Fleisch in die Sauce zurückgeben und darin langsam 1 1/2–2 Stunden bei schwacher Hitze köcheln lassen. Fleisch herausnehmen und die Sauce durch ein Haarsieb geben.

(Fortsetzung Seite 90)

7. Rosinen mit dem Rübenkraut in die Sauce geben, 5 Minuten köcheln lassen und mit Salz, Zucker und Pfeffer abschmecken. Fleisch in die Sauce zurückgeben und bis zu dem Servieren darin warmhalten.

8. Birnen schälen, halbieren und entkernen. Mit Weißwein, Zucker und Zimtstange in einem Töpfchen weichdünsten. Mit den Preiselbeeren füllen.

9. Für den Rotkohl am nächsten Tag Gänseschmalz zerlassen, den Rotkohl mit der Marinade hinzufügen und in 60–90 Minuten gar dünsten. Den Rotkohl mit Preiselbeerkonfitüre, Salz, Zucker und Zimt abschmekken und den Saft mit den geschälten, geriebenen Kartoffeln binden.

10. Für die Kartoffelklöße Kartoffeln waschen, in Wasser zum Kochen bringen, gar kochen lassen, abgießen, pellen, sofort durch die Kartoffelpresse geben, abkühlen lassen. Die Kartoffelstärke, Salz, Pfeffer, die einmal aufgekochte und noch heiße Milch und das Ei hinzugeben. Alles zu einem Kloßteig verarbeiten. In einer Pfanne die Butter zerlassen und die Weißbrotwürfel goldbraun darin braten. Die Hände mit Mehl bestäuben, Klöße in gewünschter Größe abstechen, in die Mitte einige Brotwürfel geben und Klöße formen. Die Klöße in kochendes Salzwasser geben, zum Kochen bringen, in 20 Minuten gar ziehen lassen (das Wasser muß sich leicht bewegen). Butter in einem Topf zerlassen und die Semmelbrösel darin anrösten.

11. Das Fleisch in Scheiben schneiden, auf eine Platte legen, mit Sauce begießen und mit dem Rotkohl und den Klößen servieren.

TAFELSPITZSÜLZE MIT ROTE-BETE-SALAT UND APFELKREN

Vorbereitung: 25 Min.
Zubereitung: 40 Min. ohne fest werden lassen

Gemüse für die Terrine:

200 g geputzte, gegarte Möhren
100 g geputzte Keniabohnen
150 g geputzter, gegarter Knollensellerie

300 g Tafelspitz
1 l Fleischbrühe (Brühe vom Tafelspitz kräftig abschmecken)
2 Eiweiß
12–15 Blatt weiße Gelatine

Für den Rote-Bete-Salat:

200 g Rote Bete
Kümmelsamen
2 EL Sherryessig
2 EL Distelöl
1 TL Kürbiskernöl
1 TL Zucker
Pfeffer, Salz

Für den Apfelkren (Apfelmeerrettich):

400 g herbe Äpfel
10 EL trockener Weißwein (Riesling)
1 EL Zitronensaft
50 g frische Meerrettichwurzel (Kren)
geputzte, abgespülte Feldsalatröschen

1. Möhren und Sellerie in Längsscheiben schneiden. Keniabohnen in Salzwasser kurz garen und in Eiswasser abschrecken.

2. Tafelspitz in etwa 4 mm dicke Scheiben schneiden.

3. Sollte die Fleischbrühe nicht ganz klar sein, abkühlen lassen, zwei Eiweiß verquirlen, unterrühren und während ständigem Rühren aufkochen lassen. Vorsichtig durch ein Sieb passieren.

4. Gelatine in kaltem Wasser etwa 10 Minuten einweichen, gut ausdrücken und in heißer Fleischbrühe auflösen.

5. Eine längliche Terrinenform mit Folie auslegen und den Boden der Terrine etwa 1 cm hoch mit dem abgekühlten, aber noch flüssigem Fleischgelee ausgießen und im Kühlschrank oder in Eiswasser erstarren lassen.

6. Bevor die Tafelspitzscheiben oder das Gemüse eingeschichtet werden, müssen diese vorher in flüssigem Gelee gewendet werden und dann auf die bereits erstarrte Schicht Gelee gelegt werden (Achtung, nicht bis ganz an den Rand legen!). Immer wieder mit etwas Gelee begießen. Wieder im Kühlschrank erstarren lassen und so abwechselnd mit Fleisch, Gemüse und Gelee einschichten, bis die Terrine gefüllt ist.

7. Zum Abschluß mit Gelee evtl. Hohlräume zugießen und das Gelee im Kühlschrank gut durchkühlen lassen.

8. Terrine auf Holzbrett stürzen und am besten mit einem elektrischen Messer in Scheiben schneiden.

9. Für den Rote-Bete-Salat Rote Bete in Salzwasser mit etwas Kümmel in 45–60 Minuten weichkochen, abgießen und die Schale unter fließendem kalten Wasser abreiben. In dünne Scheibchen schneiden. Essig, Öl, Zucker, Pfeffer und Salz verrühren und die Rote-Bete-Scheiben damit marinieren.

10. Für den Apfelkren die Äpfel schälen, vierteln, entkernen und klein würfeln. Mit Weißwein und Zitronensaft im Topf etwa 10 Minuten dünsten, bis die Flüssigkeit verdampft ist. Inzwischen den Meerrettich schälen und (bis auf ein kleines Stück) reiben, unter den Apfelbrei mischen. Mit zwei nassen Teelöffeln 6 Klöße daraus abstechen. Beim Anrichten den restlichen Meerrettich über die Klöße raspeln.

11. Je eine Scheibe Tafelspitzsülze mit einigen Feldsalatröschen und Rote-Bete-Salat anrichten. Eine Nocke Apfelkren dazugeben.

T!P **Möhren und Sellerie mit dem Tafelspitz mitgaren. Ganz hervorragend schmeckt zu der Sülze auch Wiesbadener grüne Sauce (Rezept Seite 97) statt Apfelkren.**

WIRSINGROULADE IN SCHALOTTEN-SAUCE

Vorbereitung: 25 Min.
Zubereitung: 60 Min.

1 mittelgroßer Wirsing

Für die Füllung :

2 altbackene Brötchen
1 Zwiebel
1 EL Schweineschmalz
1 EL gehackte Petersilie
gerebelter Majoran
300 g Hackfleisch (halb Rind-, halb Schweinefleisch)
1 Ei
1 TL Senf
Salz
frisch gemahlener Pfeffer
geriebene Muskatnuß
8 Scheiben durchwachsener Speck

1 mittelgroße Möhre
4 Schalotten
1 EL Schweineschmalz
125 ml (1/8 l) Fleischbrühe
250 ml (1/4 l) brauner Kalbsfond

1. Die Blätter vom Wirsing ablösen, in Salzwasser blanchieren und in Eiswasser abschrecken, damit die grüne Farbe erhalten bleibt. Die dicken Blattrippen flachschneiden.

2. Brötchen etwa 10 Minuten in kaltem Wasser einweichen und gut ausdrücken. Zwiebel abziehen, in feine Würfelchen schneiden. Zwiebelwürfel mit dem Schmalz in einer Pfanne farblos andünsten, Petersilie und etwas Majoran dazugeben.

3. Hackfleisch in eine Schüssel geben, Brötchen mit den Fingern zerpflücken und mit dem Ei, den angedünsteten Zwiebeln und dem Senf dazugeben. Mit Salz, Pfeffer und Muskat würzen und gut durchkneten.

4. Für die 8 Rouladen je 2 Kohlblätter fächerartig übereinander legen, mit der Füllung belegen, aufrollen, mit je 1 Scheibe Speck einschlagen und mit Zahnstochern zusammenstecken.

5. Möhre schälen, waschen und in dünne Scheiben schneiden. Schalotten abziehen und ebenfalls in Scheiben schneiden.

6. In einer Schmorpfanne Schmalz erhitzen, geschnittenes Gemüse zugeben. Wirsingrouladen hineinlegen, pfeffern, mit etwas Brühe angießen und auf dem Rost in Backofen schieben.

Ober-/Unterhitze: etwa 200 °C (vorgeheizt)
Heißluft: etwa 180 °C (nicht vorgeheizt)
Gas: Stufe 3–4 (vorgeheizt)
Schmorzeit: 30-45 Minuten.

7. Während des Schmorens öfter mit dem Bratenfond übergießen. Die letzten 10 Minuten nicht mehr übergießen, damit der Speck kroß wird.

8. Wirsingrouladen herausnehmen, braunen Kalbsfond angießen, miteinander verkochen und etwas einkochen lassen. Evtl. mit Salz und Pfeffer abschmecken.

KALBSLEBER AUF BERLINER ART

Vorbereitung: 25 Min.
Zubereitung: 40 Min.

2 Äpfel
1 EL Butter
2 mittelgroße Zwiebeln
1 EL Weizenmehl
4 EL Pflanzenöl
8 Scheiben Kalbsleber à 60–70 g
2 EL Weizenmehl
2 EL Butter
Salz
frisch gemahlener Pfeffer
Madeira
125 ml (1/8 l) Kalbsfond
40 g kalte Butter

Für das Kartoffelpüree:

350 g mehlig-festkochende Kartoffeln
2 EL Butter
250 ml (1/4 l) Milch
geriebene Muskatnuß

1. Äpfel schälen, mit dem Apfelausbohrer entkernen und in 1 cm starke Scheiben schneiden. In einer Pfanne mit etwas Butter anbraten und weichdünsten.

2. Zwiebel abziehen und in dünne Ringe schneiden. Leicht mit Mehl bestäuben und in einer heißen Pfanne in Pflanzenöl schwimmend kroß braun braten. Auf einem Küchenpapier abtropfen lassen, leicht salzen und warm stellen.

3. Kalbsleberscheiben unter fließendem kaltem Wasser abspülen, trockentupfen, in Mehl wenden und in einer Pfanne mit aufschäumender Butter von beiden Seiten 2 Minuten kurz braten. Mit Salz und Pfeffer würzen und aus der Pfanne nehmen. Die Leber sollte innen noch rosa saftig sein.

4. Den Bratensatz mit einem Schuß Madeira ablöschen und den Fond dazugeben. Etwas einkochen lassen, gegebenenfalls mit Salz und Pfeffer würzen und einige Butterflöckchen mit dem Pürierstab unterschlagen.

5. Leberscheiben auf einen Teller geben und mit der Sauce überziehen. Mit Apfelscheiben und Röstzwiebeln belegen und die Beilagen dazugeben.

6. Für das Kartoffelpüree Kartoffeln schälen, waschen und in gleichmäßige Stücke schneiden. In einem Topf mit Wasser und Salz in etwa 20 Minuten gar kochen. Das Wasser abgießen und die Kartoffeln auf dem Herd gut ausdämpfen lassen. Die trockenen, heißen Kartoffeln durch eine Presse drücken. Mit dem Schneebesen die Butterflöckchen hineinrühren, dann die heiße Milch nach und nach mit dem Schneebesen einarbeiten, bis die gewünschte Konsistenz erreicht ist. Mit etwas Muskatnuß und gegebenenfalls noch mit etwas Salz abschmecken.

T!P Als Beilage empfehle ich Ihnen Blattspinat oder grüne Bohnen.

T!P Innereien sollte man immer nach dem Braten salzen, damit sie kein Wasser ziehen und evtl. hart und trocken werden.

TIP

Die Reste des Fleisches lassen sich hervorragend zur Tafelspitzsülze weiterverarbeiten.

BÜRGERMEISTER-STÜCK MIT SOMMERGEMÜSEN UND GRÜNER SAUCE

Vorbereitung: 60 Min.
Zubereitung: 2 1/2 Std.

1 Bürgermeisterstück vom Rind
1 abgezogene Zwiebel
3 Nelken
2 Lorbeerblätter
1 TL Salz

Für das Sommergemüse:

200 g kleine Bundmöhren
200 g weiße Rübchen
200 g Kohlrabi
200 g Blumenkohl
250 g grüner Spargel
100 g Schneidebohnen
150 g Erbsenschoten
100 g Zuckerschoten
250 ml (1/4 l) Schlagsahne
2 Eigelb
Salz
frisch gemahlener Pfeffer

Für die Wiesbadener grüne Sauce:

125 g grüne Kräuter (je nach Jahreszeit zusammengestellt, aber immer sieben verschiedene: Petersilie, Kerbel, Sauerampfer, Borretsch, Pimpinelle, Schnittlauch, Gartenkresse)
250 g Schmand
2–3 EL Zitronensaft
2 EL Schlagsahne
Salz
frisch gemahlener weißer Pfeffer

1. Das Bürgermeisterstück 2 Minuten in kochendem Wasser blanchieren, herausnehmen, in einem Topf mit kaltem Wasser bedecken. Die Zwiebel mit Nelken und Lorbeer spicken und mit Salz in den Topf geben. Das Bürgermeisterstück bei milder Hitze offen etwa 2 Stunden kochen lassen, dabei ab und zu abschäumen.

2. Für das Gemüse die Möhren putzen, die Rübchen schälen, große halbieren. Den Kohlrabi schälen und grob würfeln. Den Blumenkohl in Röschen teilen. Den Spargel am unteren Ende schälen, in 5 cm lange Stücke schneiden. Die Schneidebohnen in mittelgroße Rauten schneiden. Die Erbsenschoten auspalen. Die Zuckerschoten entfädeln und die Enden abschneiden.

3. Kurz vor Beendigung der Garzeit des Fleisches das Gemüse in die Brühe geben (je nach Garzeit erst Möhren, Rübchen, Kohlrabi, Blumenkohl und Schneidebohnen 8 Minuten garen). Dann das restliche Gemüse dazugeben und weitere 8 Minuten garen.

4. Das Gemüse mit der Schaumkelle aus der Brühe nehmen, abtropfen lassen und auf eine Servierplatte legen. Das Fleisch in dünne Scheiben schneiden und zum Gemüse legen. Alles mit etwas Brühe begießen und im Backofen warm halten.

5. Die Brühe durch ein feines Sieb gießen, 1/4 l der Brühe und die Sahne hinzugießen, einmal aufkochen lassen, salzen und pfeffern. Eigelb verrühren und mit dem Schneebesen in die Sauce rühren (sie darf dabei nicht mehr kochen!). Die Sauce über das Fleisch und das Gemüse geben. Dazu passen junge Kartoffeln.

6. Für die grüne Sauce die Kräuter verlesen, waschen und gut trockenschleudern. Die Blätter von den Stielen zupfen und grob schneiden. Die Kräuter mit Schmand, Zitronensaft und Sahne verrühren, mit dem Pürierstab fein pürieren, salzen und pfeffern. Die grüne Sauce bis zum Servieren kalt stellen, dann noch einmal durchrühren.

Dazu passen junge Kartoffeln. TIP

OCHSENSCHWANZ-RAGOUT IN SPÄTBURGUNDER-SAUCE

Vorbereitung: 50 Min.
Zubereitung: 90 Min.

1,8 kg Ochsenschwanz
Salz
frisch gemahlener Pfeffer
200 g Röstgemüse (Schalotten, Möhren, Bleichsellerie)
2 EL Olivenöl
2 EL Tomatenmark
125 ml (1/8 l) Rotwein (Spätburgunder)
3 EL Weizenmehl
Wasser
2 Nelken
2 Lorbeerblätter
Pimentkörner
Wacholderbeeren
1 Tomate
2 cl Madeira
20 g kalte Butter

Für die Serviettenknödel:

500 g altbackene Semmeln, in feine Scheibchen geschnitten
375 ml (3/8 l) heiße Milch
1 abgezogene Zwiebel, in feine Würfel geschnitten
80 g durchwachsener Speck, in feine Würfel geschnitten
40 g Butter
gehackte glatte Petersilie
2 Eigelb
2 Eier
2 Eischnee
Muskatnuß

1. Den Ochsenschwanz an den Gliedern in Stücke hacken und mit Salz und Pfeffer würzen. In einer heißen ofenfesten Kasserolle in dem Olivenöl anbraten.

2. Das geputzte, abgespülte, grob geschnittene Röstgemüse zugeben und mitbraten. Das Tomatenmark zufügen und braun anrösten. Mit etwas Rotwein ablöschen, einkochen lassen und den Vorgang wiederholen, bis der Bratansatz dunkelbraun ist.

3. Mit dem Mehl bestäuben, braun rösten und mit dem restlichen Rotwein und etwas Wasser auffüllen, so daß der Ochsenschwanz knapp bedeckt ist. Die Gewürze zugeben und das Ganze im Backofen schmoren lassen, bis es weich ist.

Ober-/Unterhitze: etwa 180 °C (vorgeheizt)
Heißluft: etwa 160 °C (nicht vorgeheizt)
Gas: Stufe 2–3 (vorgeheizt)
Garzeit: 2–3 Stunden.

4. Die Stücke je nach Garpunkt nach und nach herausnehmen.

5. Die Sauce mit dem Gemüse durch ein Haarsieb passieren. Auf die gewünschte Konsistenz einkochen lassen und mit Salz, Pfeffer und etwas Madeira würzen. In die Sauce mit dem Pürierstab kalte Butterflöckchen einschlagen.

6. Die Ochsenschwanzstücke ganz oder das vom Knochen gelöste Fleisch wieder in die Sauce geben und servieren.

7. Die Semmelscheiben mit heißer Milch übergießen. Abdecken und quellen lassen.

8. Speck und Zwiebelwürfelchen mit Butter andünsten und mit der gehackten Petersilie auf das Brot geben. Mit zwei Eigelb und zwei Eiern unterrühren, mit Salz, Pfeffer und Muskat würzen und nicht zu stark durcheinander mischen. Etwas ruhen lassen.

8. Eiweiß zu Schnee schlagen und unter die Masse heben.

9. Eine große Serviette gut unter fließendem kaltem Wasser ausspülen. Semmelknödelmasse darauf geben und zu einer Wurst rollen. Mit Küchengarn abbinden.

10. In siedendes Salzwasser geben und etwa 25 Minuten garziehen lassen.

11. Danach etwas entspannen lassen, mit einem Bindfaden in Scheiben schneiden und servieren.

TIP

Als Beilage eignen sich auch andere Knödel in allen Variationen. Gemüse geschält verwenden und je nach Garpunkt herausnehmen. Nachdem die Sauce passiert wurde, das Gemüse ins Ragout geben und mit servieren.

TIP

Beim Ochsenschwanzragout kann man auch von Anfang an gleich etwas mehr ansetzen. Die Reste vom Ochsenschwanzragout lassen sich ideal zu einer Lasagne mit Steinpilzen weiterverarbeiten. Bei übrig gebliebenem Ochsenschwanz Fleisch vom Knochen lösen und in kleine Würfel schneiden. Mit der Ochsenschwanzsauce einkochen lassen.

HAUSGEMACHTE BLUTWÜRSTCHEN MIT FELDSALAT

Vorbereitung: 40 Min.
Zubereitung: 80 Min.

Für die Blutwürstchen:

125 g Porree (Lauch)
300 ml Schlagsahne
500 ml (1/2 l) Blut
(beim Metzger vorbestellen)
100 g Graupen, weich gekocht
500 g gekochte Schweinebacke (durch den Fleischwolf gedreht oder in feine Würfel geschnitten)
Salz
frisch gemahlener Pfeffer
geriebene Muskatnuß
Majoran
Koriander
16er Schafsdarm (vom Metzger)

2 EL Schweineschmalz
2 EL Apfelsaft
3 EL Kalbsfond

Für den Feldsalat:

250 g Feldsalat
1 abgezogene Schalotte
1/4 Sellerieknolle

Für das Dressing:

3 EL Weinessig
3 EL Traubenkernöl
1 TL Kürbiskernöl
1/2 TL Senf
Zucker

1. Für die Blutwürstchen den Lauch putzen, waschen, abtropfen lassen, mit der Sahne aufkochen und das Blut mit dem Schneebesen in die noch heiße Sahne einrühren. Die restlichen Zutaten unterheben und kräftig abschmecken.

2. Einen 16er Darm auf das Füllhorn des Fleischwolfes ziehen, die Masse einfüllen und kleine Würstchen jeweils doppelt abbinden.

3. In Salzwasser bei 80 °C etwa 25 Minuten ziehen lassen und im Wasser erkalten lassen.

Die Würstchen herausnehmen und abtrocknen lassen.

4. Die Würstchen in einer Pfanne mit Schmalz von beiden Seiten etwa 5 Minuten braten. Die Würstchen aus der Pfanne nehmen und den Bratensatz mit Apfelsaft und Kalbsfond ablöschen.

5. Für den Feldsalat, den Feldsalat putzen, waschen, trockenschleudern. Schalotte in Scheiben schneiden, in Ringe teilen. Sellerie putzen, schälen, waschen, in Scheiben schneiden. Schalotten und Sellerie in Pflanzenöl goldbraun fritieren.

6. Essig, Öl, Senf, Zucker, Pfeffer und Salz zu einem Dressing verrühren, mit dem Feldsalat vermischen.

7. Den angemachten Feldsalat in die Tellermitte geben. Die gebratenen Blutwürstchen anlegen und mit den Schalottenringen und den Sellerieschreiben garnieren. Die Würstchen mit etwas Jus überziehen.

TIP **Wer sich nicht die doch recht aufwendige Arbeit des Blutwürstchens machen will, kann sich beim Metzger kleine, doppelt abgebundene, frische Blutwürstchen bestellen. Diese dann auch in der Pfanne langsam anbraten.**

SENFROSTBRATEN MIT SCHNIPPELBOHNEN

Vorbereitung: 15 Min.
Zubereitung: 25 Min.

Für die Schnippelbohnen:

500 g Stangenbohnen
2 Schalotten
30 g Butter
40 g durchwachsener Speck, in Würfel geschnitten
1 kleiner Zweig Bohnenkraut
100 ml Fleischbrühe
Salz
frisch gemahlener Pfeffer
geriebene Muskatnuß

Für den Senfrostbraten:

4 Scheiben Roastbeef à 180 g (aus dem hohen Roastbeef geschnitten)
1 mittelgroße Zwiebel
1 Eigelb
4 EL scharfer Senf
1 EL Weizenmehl
Weizenmehl
2 EL Speiseöl

50 ml Weißwein
125 ml (1/8 l) Kalbsfond
20 g kalte Butter

1. Für die Schnippelbohnen von den Bohnen die Enden abschneiden, die Bohnen evtl. abfädeln, durch den Schnippelbohnenschneider drehen oder mit dem Messer in Streifen schneiden. Schalotten abziehen und in feine Würfel schneiden. In einem flachen Topf die Butter zerlassen, den Speck und die Schalottenwürfel darin farblos andünsten. Bohnen und Bohnenkraut hinzufügen, mit Fleischbrühe auffüllen und darin in etwa 5 Minuten weichdünsten. Mit Salz, Pfeffer und Muskat abschmecken.

2. Die Rumpsteaks etwas flachdrücken, so daß sie etwa 1 cm hoch sind und mit Salz und Pfeffer würzen. Die Zwiebel abziehen und in feine Würfel schneiden. Zwiebelwürfel mit Eigelb, Senf und Mehl vermischen. Mit einem breiten Messer die Roastbeefscheiben damit bestreichen, die Oberfläche der Fleischscheiben in Mehl wenden und mit der bestrichenen Seite in eine Pfanne mit heißem Öl geben. 2–3 Minuten braten, bis die Oberfläche goldbraun ist, wenden und die andere Seite ebenfalls etwa 3–5 Minuten braten (je nachdem wie Sie die Steaks am liebsten essen).

3. Die Steaks aus der Pfanne nehmen und warm stellen. Den Bratensatz mit etwas Weißwein ablöschen und den Kalbsfond dazugeben. Die Sauce etwas einkochen lassen, mit Salz und Pfeffer abschmecken und die kalte Butter unterschlagen.

TIP **Als Beilage eignen sich gut Bratkartoffeln und bei der schwäbischen Variante des Zwiebelrostbratens Spätzle. Sehr gut schmecken die Bohnen auch, wenn man 2 Eßlöffel Weizenmehl oder Speisestärke mit etwas kalter Milch anrührt und die Bohnen damit bindet.**

Kartoffeln und Gemüse haben sich von der schnöden Beilage zur echten Hauptsache gemausert und das hat nicht nur die zunehmende Anzahl der Vegetarier bewirkt.

Probieren Sie die wunderbare Gemüse-Quiche oder die Lasagne mit Tomaten, Zucchini und Auberginen.

RÖSTI MIT BLUMENKOHL

Vorbereitung: 15 Min.
Zubereitung: 25 Min.

Für die Rösti:

500 g Kartoffeln
3 EL Schweineschmalz
Salz, Pfeffer
1 EL Butter

Für den Blumenkohl :

1 Blumenkohl
Saft von 1/2 Zitrone
Zucker
4 EL Butter
5 gehäufte EL Semmelbrösel
2 EL gehackte Petersilie
2 hartgekochte Eier

1. Für die Rösti Kartoffeln waschen und gut abbürsten, in Salzwasser halb garkochen. Abgießen und abdämpfen lassen. (Für Rösti verwendet man am besten Kartoffeln, die am Vortag gekocht wurden.).

2. Kartoffeln pellen und mit dem Hobel grob raspeln. In einer großen Pfanne Schmalz erhitzen, geraspelte Kartoffeln hineingeben, mit Salz und Pfeffer würzen und mit einem Pfannenwender die Kartoffeln andrücken und auf einer Seite goldbraun anbraten. Stürzen und die andere Seite ebenfalls goldbraun braten. Zum Schluß noch mit etwas Butter nachbraten. Zum Servieren in 4 Ecken schneiden.

3. Für den Blumenkohl Blumenkohl von Blättern befreien und in einzelne Röschen zerpflücken. In einem Topf Wasser zum Kochen bringen, Salz, Zucker und Zitronensaft hineingeben und Blumenkohl darin je nach Größe 6 Minuten kochen lassen und zur Seite stellen.

4. Butter in einer Pfanne aufschäumen lassen, Brösel dazugeben und darin goldbraun rösten. Gehackte Petersilie dazugeben. Blumenkohl aus dem heißen Fond nehmen, kurz abtropfen lassen und mit den Butterbröseln übergießen. Eier pellen, hacken und darüber streuen.

T!P

Gut schmeckt der Blumenkohl auch in einer Béchamelsauce, die aus dem Blumenkohlfond zubereitet wurde.
Rezept siehe Seite 109.

Pappardelle
mit Salsa di Rucola
und gehobeltem Parmesan

EINGELEGTE GEMÜSE

Vorbereitung: 15 Min.
Zubereitung: 20 Min.

Gemüse je nach Verfügbarkeit, z. B.
je 1 Paprika rot, gelb, grün
100 g Zucchini
100 g kleine Auberginen
4 EL Olivenöl
1 Radicchio
2 Chicorée
80 g Champignons oder andere Pilze

Für die Marinade:

70 ml kaltgepreßtes Olivenöl
4 EL Rotweinessig
1 EL Aceto Balsamico
2 Lorbeerblätter
2 Schalotten,
in feine Ringe geschnitten
1 TL Salz
1 TL Zucker
frisch gemahlener Pfeffer

1. Die Paprika vierteln, vom Kerngehäuse befreien und die Hautseite in einer Pfanne mit heißem Öl kurz fritieren. Herausnehmen und die Haut abziehen.

2. Zucchini und Auberginen waschen und die Stengelansätze entfernen. Gemüse in 2–3 cm dicke Scheiben schneiden. Mit Salz bestreuen, 30 Minuten stehen, dann abtropfen lassen.

3. Mit Küchenpapier trockentupfen und in einer heißen Pfanne mit Olivenöl jeweils in einer Schicht von beiden Seiten anbraten. Herausnehmen und auf dem Küchenkrepp abtropfen lassen.

4. Radicchio und Chicorée vierteln, den Strunk entfernen und ebenfalls von allen Seiten anbraten.

5. Pilze je nach Größe ganz oder in Scheiben geschnitten anbraten.

6. Die Zutaten für die Marinade mischen und einmal aufkochen lassen. Die Gemüse schichtweise in eine Form geben und mit der Marinade begießen.

7. Mindestens 2–3 Stunden darin marinieren lassen.

T!P

Kurz vor dem Servieren frisch geschnittenes Basilikum dazugeben. Diese eingelegten Gemüse kann man auch gut auf einem Teller anrichten und mit einem gebratenem Doradenfilet servieren.

LASAGNE VON ZUCCHINI, AUBERGINEN UND TOMATEN

Vorbereitung: 35 Min.
Zubereitung: 40 Min.

12 getrocknete Nudelteigplatten
2 kleine Auberginen
2 mittelgroße Zucchini
2 EL Weizenmehl
100 ml Olivenöl zum Braten
6 Fleischtomaten

Für die Tomatensauce:

220 g passierte Tomaten
1/2 abgezogene, feingehackte Knoblauchzehe
1 TL Salz
1 Prise Zucker
frisch gemahlener Pfeffer
1 Zweig Thymian
2 Stengel Basilikum

Für die Béchamelsauce:

20 g Butter
2 EL Weizenmehl
180 ml Milch
Salz
frisch gemahlener Pfeffer
geriebene Muskatnuß
150 geriebener Greyerzer

150 g geriebener Pecorino

1. Für die Lasagne Auberginen und Zucchini waschen und vom Blütenansatz befreien. Längs in etwa 8 mm starke Scheiben schneiden. Mit Salz und Pfeffer würzen und 30 Minuten stehen lassen. In Mehl wenden und in einer heißen Pfanne mit Olivenöl die Scheiben nacheinander von beiden Seiten anbraten. Die Scheiben auf Küchenpapier abtropfen lassen.

2. Tomaten kurze Zeit in kochendes Wasser legen (nicht kochen lassen), in kaltem Wasser abschrecken, enthäuten, die Stengelansätze herausschneiden, die Tomaten vierteln und entkernen.

3. Für die Tomatensauce passierte Tomaten mit dem Knoblauch aufkochen, mit Salz, Zucker und Pfeffer würzen und geschnittenes Basilikum und Thymian hinzugeben.

4. Für die Béchamelsauce: Butter in einem Topf aufschäumen lassen, Mehl hinzugeben und farblos andünsten, mit der Milch auffüllen und aufkochen. Mit Salz, Pfeffer und Muskatnuß würzen, vom Herd nehmen und den geriebenen Käse unterrühren.

5. Eine feuerfeste Form, in die 4 Teigplatten nebeneinander passen, mit Olivenöl auspinseln. Auf dem Boden etwas von der Tomatensauce verteilen. 4 Nudelplatten darauf verteilen, mit Zucchini und Tomatenfleisch belegen, Tomatensauce dünn darauf verteilen und mit etwas geriebenem Pecorino bestreuen. Mit einer Nudelplatte abdecken. Etwas von der Béchamelsauce auf die Nudelplatte geben, mit Auberginen und Tomatenfleisch belegen, etwas Tomatensauce darauf geben, mit Pecorino bestreuen und mit einer Nudelplatte abdecken. Den Vorgang nochmals mit Zucchini und Tomaten wiederholen und mit einer Nudelplatte abschließen.

6. Restliche Béchamelsauce auf die Nudelplatte geben und auf dem Rost in den Backofen schieben.

Ober-/Unterhitze: etwa 180 °C (vorgeheizt)
Heißluft: etwa 160 °C (nicht vorgeheizt)
Gas: Stufe 2–3 (vorgeheizt)
Backzeit: etwa 30 Minuten.

7. Herausnehmen und vor dem Servieren noch kurze Zeit ruhen lassen.

ALLGÄUER KÄSESPÄTZLE

Vorbereitung: 20 Min.
Zubereitung: 30 Min.

Für die Zwiebelschmelze:

2 mittelgroße Zwiebeln
2 EL Butter
2 Bund Schnittlauch
200 g herzhaften Allgäuer Emmentaler oder Bergkäse

Für die Spätzle:

400 g Weizenmehl
4 Eier
1 TL Salz
50 ml Wasser

Salz
frisch gemahlener Pfeffer
geriebene Muskatnuß

1. Für die Zwiebelschmelze Zwiebeln abziehen, in Würfel schneiden, in einem Topf mit Butter goldgelb andünsten.

2. Schnittlauch abspülen, trockentupfen, in feine Röllchen schneiden.

3. Käse grob mit einer Reibe reiben.

4. Für die Spätzle aus Mehl, Eiern, Salz und Wasser einen glatten Teig zubereiten.

5. Reichlich Wasser in einem großen Topf zum Kochen bringen, salzen und den Spätzleteig mit einem Hobel oder einer Spätzlepresse hineindrücken. Aufkochen lassen und die Spätzle mit einem Schaumlöffel aus dem Wasser holen.

6. Kurz abtropfen lassen und noch heiß in die Pfanne mit der Zwiebelschmelze geben. Käse und Schnittlauch zugeben und mit einer Spachtel bei schwacher Hitze leicht abrösten, damit der Käse schmilzt und sich mit den Spätzle zu einer Masse verbindet. Mit Salz, Pfeffer und Muskatnuß würzen und unbedingt heiß servieren.

TIP

Man kann die Spätzle auch vorbereiten. Dann müssen sie aber, wenn sie aus dem kochendem Wasser kommen, kalt abgeschreckt werden. Abtropfen lassen und mit etwas Speiseöl beträufeln, damit sie nicht zusammen kleben. Etwas vom Spätzlewasser aufbewahren. Die Spätzle werden dann kalt in eine Pfanne mit der Zwiebelschmelze gegeben und darin mit einem Löffel Spätzlewasser erwärmt.

Als Beilage eignet sich gut ein mit etwas mehr Essig zubereiteter Endiviensalat.

TIP

ANGELOTTI ALLA ROBERTO

Vorbereitung: 65 Min.
Zubereitung: 20 Min.

Für die Füllung:

250 g blanchierter Spinat
200 ml Schlagsahne
Salz
frisch gemahlener Pfeffer

200 g Nudelteig Rezept Seite 58

1 verquirltes Ei

8 Eigelb
Weizenmehl

Für die Sauce:

20 g Butter
25 g Trüffel, feingehackt
(in der Saison frisch,
sonst aus Glas oder Dose)
4 EL italienischer Weißwein
250 ml (1/4 l) Schlagsahne
3 EL geschlagene Sahne
geriebene Muskatnuß
1 Prise Cayennepfeffer
1/4 Zitrone
30 g geraspelter Parmesan

1. Für die Füllung Spinat gut auspressen, damit keine Flüssigkeit mehr darin ist.

2. Sahne in einem Topf dickflüssig einkochen.

3. Spinat grob hacken und zugeben, mit Salz und Pfeffer würzen und mit dem Küchenmixer fein pürieren, auskühlen lassen.

4. Nudelteig dünn, am besten mit einer Nudelmaschine ausrollen und in 8 Kreise mit 10 cm und 8 mit 12 cm Durchmesser ausstechen. An den Rändern mit verquirltem Ei bestreichen.

5. Die kleineren Kreise als Boden benutzen und 3 Eßlöffel vom Cremespinat in die Mitte geben, in der Mitte eine kleine Mulde lassen und jeweils ein Eigelb hineingeben. Der Nudelkreis sollte außen unbedingt einen 1 cm breiten Rand vom Spinat haben.

6. Jeweils mit einem größeren Nudelkreis bedecken, so daß die mit dem Ei bestrichen Seiten aufeinander treffen. Vorsichtig die Teigränder aneinander pressen. Vorsichtig, damit das Eigelb nicht verletzt wird. Leicht mit Mehl bestäuben, damit sie bis zum Kochen nicht ankleben.

7. Für die Sauce: Butter in einem Töpfchen aufschäumen lassen und den Trüffel darin farblos andünsten, mit dem Weißwein ablöschen und mit der flüssigen Sahne auffüllen und einkochen lassen. Wenn die gewünschte Konsistenz erreicht ist, die geschlagene Sahne zugeben und mit Salz, Pfeffer, Muskatnuß, Cayennepfeffer und einigen Spritzern Zitronensaft abschmecken. Geraspelten Parmesan zugeben.

8. Die Angelotti in kochendem Salzwasser in einem ausreichend großen Topf, damit die Angelotti nicht aufeinanderliegen, 2½ Min. kochen lassen. Mit einem Schaumlöffel herausnehmen, kurz abtropfen lassen und gleich in einem Teller anrichten und mit der Sauce überziehen.

TIP

Um das Gericht noch aufzuwerten kann man zusätzlich gedünstete Pfifferlinge servieren. Gut schmecken die Angelotti auch zu Scallopini (dünnen Kalbsschnitzeln).

SPARGEL MIT SAUCE AGNES SOREL

Vorbereitung: 40 Min.
Zubereitung: 20 Min.

500 g Spargel, pro Person oder, wenn als Vorspeise gedacht, die Hälfte
Salz
1 Prise Zucker
20 g Butter

Für die Sauce:

5 Eier
1 TL Senf
Saft von 1/2 Zitrone
200 ml Olivenöl
Cayennepfeffer
Blattpetersilie, Schnittlauch, Dill, Basilikum

1. Spargel waschen, schälen, die Enden abschneiden und in gesalzenem Wasser mit Zucker und Butter etwa 10 Minuten kochen lassen. Vom Herd nehmen und im Fond auskühlen lassen.

2. Eier bei normaler Größe exakt 4 Minuten kochen lassen und unter kaltem Wasser abschrecken. Die Eier mit einem Messer halbieren, das Eigelb soll noch flüssig und das Eiweiß schon fest sein. Eigelb mit einem Löffel vom Eiweiß trennen. Das noch warme Eigelb in eine Schüssel geben, Senf, Zitronensaft, Salz und Cayennepfeffer dazugeben und mit dem Schneebesen, wie beim Herstellen einer Mayonnaise, tropfenweise das leicht erwärmte Olivenöl einrühren.

3. Kräuter abspülen, trockentupfen, fein hacken und zugeben. Mit Salz, Pfeffer und Zitronensaft abschmecken.

4. Eiweiß fein würfeln und ebenfalls zugeben.

5. Spargel aus dem Fond nehmen und abtropfen lassen. Auf einer Platte oder Teller anrichten und lauwarm mit der Sauce servieren.

TIP **Wem der Geschmack des Olivenöls bei dieser italienischen Version unser grünen Sauce zu intensiv ist, kann auch die Hälfte des Öls durch Distelöl ersetzen.**

GEMÜSE-TEMPURA

Vorbereitung: 35 Min.
Zubereitung: 20 Min.

Für den Teig:

2 Eiweiß
380 g Eiswasser
200 g Reismehl

150 g Kürbis
80 g Staudensellerie
50 g Shiitake-Pilze ohne Stiel
100 g grüner Spargel
80 g Fingermöhren
80 g Zucchini
80 g Blumenkohl
2 Stengel Minze
100 g Weizenmehl

1 kg Fritierfett

1. Für den Teig Eiweiß und das Eiswasser verrühren und salzen. Das Reismehl zugeben und kurz verrühren, nicht zu lange, da der Teig sonst klebrig wird.

2. Kürbis schälen, entkernen und in mundgerechte Stücke schneiden. Staudensellerie putzen, waschen, harte Fäden an der Außenseite abziehen und in 6 cm lange Stäbchen schneiden. Shiitake-Pilze putzen, mit Küchenpapier abreiben, evtl. abspülen, halbieren. Spargel schälen, waschen, längs halbieren. Fingermöhren schälen, waschen und längs halbieren. Von den Zucchini die Enden abschneiden, waschen und in mundgerechte Stücke schneiden. Blumenkohl putzen, waschen, in Röschen zerpflücken und nochmals halbieren. Minze abspülen, von den groben Stengeln befreien.

3. Gemüse kurz in Salzwasser blanchieren, im Eiswasser kurz abschrecken und mit einem Tuch trocknen. Kurz im Mehl wälzen und anschließend durch den Backteig ziehen.

4. In der Friteuse bei 175 °C die Gemüse nach und nach fritieren (Achtung Friteuse nicht zu vollmachen, damit das Fett gleichbleibend heiß ist und nicht zu stark abkühlt). Zum Schluß die Minzblätter fritieren.

5. Auf einem Küchenkrepp das Fett abtropfen lassen und sofort heiß servieren.

TIP

Tempura kann man auch mit Meeresfrüchten zubereiten. Dafür eignen sich Riesengarnelen und Kalamares. Dann zuerst aber die Gemüse, dann die Meeresfrüchte bei 185 °C fritieren. Mit den fritierten Gemüsen zusammen servieren.

MAIS-MÖHREN-GNOCCHI IN PARMESANSAUCE

Vorbereitung: 35 Min.
Zubereitung: 15 Min.

Für die Gnocchi:

2 mittelgroße Möhren
220 ml Milch
50 ml Möhrensaft
20 g Butter
70 g Maisgrieß
20 g Butter
40 g geriebener Parmesan
1 Eigelb
geriebene Muskatnuß
Salzwasser

Für die Sauce:

300 ml Schlagsahne
Salz
Cayennepfeffer
100 g Parmesan

40 g Parmesan, mit dem Messer grob geschabt
40 g Butter zum Begießen

1. Für die Gnocchi Möhren waschen, schälen, auf der Reibe fein reiben und durch ein Tuch den Saft auspressen. Milch, Möhrensaft und Butter in einem Topf aufkochen, mit Salz und Muskatnuß abschmecken.

2. Unter ständigem Rühren mit dem Schneebesen den Maisgrieß regenartig einlaufen lassen.

Gut durchkochen lassen, von der Herdplatte nehmen, mit dem Kochlöffel in die noch heiße Masse die ausgepreßten Möhren und den geriebenen Parmesan und das Eigelb einarbeiten und abschmecken.

3. Nußgroße Kügelchen formen und über eine Speisegabel rollen, um ihnen die typische Rillenform zu geben. 5 Minuten in Salzwasser ziehen lassen und auf ein Sieb geben.

4. Für die Sauce die Sahne aufkochen, mit Salz und Cayennepfeffer abschmecken und den geriebenen Parmesan einrühren.

5. Sauce in einen tiefen Teller geben, abgetropfte Gnocchi auf die Sauce geben, mit Parmesan bestreuen und mit etwas heißer Butter begießen.

T!P **Gut schmecken die Gnocchi auch mit rotem Paprikapüree. Dazu die Paprika im Ofen übergrillen, die Haut abziehen und die Paprika durch ein feines Sieb streichen.**

PILZE IN RAHM MIT SEMMELKNÖDELN

Vorbereitung: 40 Min.
Zubereitung: 20 Min.

Für die Pilze in Rahm:

700 g Pilze, je nach Saison Steinpilze, Pfifferlinge, Maronen, Braunkappen usw.
2 Schalotten
80 g Butter
Saft von 1/2 Zitrone
Salz
frisch gemahlener Pfeffer
100 ml trockener Weißwein
400 ml Schlagsahne
1 Bund Schnittlauch
1 Bund Petersilie

Für die Semmelknödel (ergibt 8 Stück):

400 g altbackene Semmeln (Brötchen)
1 Zwiebel
60 g durchwachsener Speck
25 g Butter
300 ml Milch
3 Eier
1 Bund Petersilie
geriebene Muskatnuß
Majoran

1. Die Pilze putzen, nach Möglichkeit nicht waschen, sondern mit einem Küchentuch abreiben. Dann die Pilze in 5 mm dicke Scheiben schneiden.

2. Schalotten abziehen und in feine Würfel schneiden.

3. Eine große Pfanne erhitzen. 60 g Butter und Pilze in die Pfanne geben und goldbraun anbraten.

3. Pilze mit Salz, Pfeffer und Zitronensaft würzen und aus der Pfanne nehmen.

4. In die Pfanne die Schalotten geben,farblos mit der restlichen Butter andünsten, mit dem Weißwein ablöschen und mit der Sahne auffüllen.

5. Das Ganze einkochen lassen, mit Salz und Pfeffer würzen.

6. Petersilie und Schnittlauch waschen, trockentupfen. Petersilie hacken und Schnittlauch in Röllchen schneiden und die Pilze in die Sahnesauce geben und kurz aufkochen lassen.

7. Semmel in dünne Scheibchen schneiden und in eine Schüssel geben.

8. Zwiebel abziehen und in feine Würfelchen schneiden. Speck ebenfalls fein würfeln.

9. Butter in einem Topf erhitzen und Zwiebelwürfel darin farblos dünsten. Speckwürfel dazugeben, kurz mit dünsten und mit Milch aufgießen. Aufkochen lassen und heiß über die Semmelscheiben gießen. Mit einem Teller abdecken und quellen lassen.

10. Petersilie abspülen, trockentupfen, fein hacken und mit den Eiern zu den Semmeln geben. Mit Salz, Pfeffer, Muskatnuß würzen und gut durchkneten.

11. Mit nassen Händen zu Knödeln formen. In einem Topf Wasser aufkochen lassen und salzen. Semmelknödel in kochendes Salzwasser geben, kurz aufkochen und dann etwa 10 Minuten nur noch ziehenlassen.

12. Pilze in einen tiefen Teller geben und in die Mitte je 1 Semmelknödel geben.

KÜRBISRISOTTO

Vorbereitung: 20 Min.
Zubereitung: 25 Min.

250 g Kürbis, am besten orangefarbenen italienischen Gemüsekürbis
1 EL Olivenöl
1/4 abgezogene Knoblauchzehe
1 kleiner Rosmarinzweig
40 g Butter
20 g Schalottenwürfel
140 g Risottoreis, am besten Vialone-Reis
500 ml (1/2 l) Geflügelbrühe
30 g geriebener Parmesan
Salz
frisch gemahlener Pfeffer

1. Den Kürbis schälen und in 1-cm-dicke Würfel schneiden.

2. Olivenöl in einem Topf erhitzen, Kürbiswürfelchen, Knoblauch und Rosmarin zugeben, mit Salz und Pfeffer würzen. Alles zusammen bei schwacher Hitze weichdünsten lassen.

3. In einem anderen Topf die Hälfte der Butter aufschäumen lassen, Schalotten zugeben und kurz andünsten.

4. Reis kurz waschen, zugeben und andünsten, ohne daß der Reis Farbe nimmt. Mit etwas Brühe ablöschen und unter ständigem Rühren bei mittlerer Hitze und wenig Flüssigkeit garen. Immer wieder von der Brühe zugießen.

5. Nach 15 Minuten den gedünsteten Kürbis zugeben und weitergaren. Nach 18–20 Minuten sollte das Risotto gar sein.

6. Den Topf vom Herd nehmen und die restliche Butter und den geriebenen Parmesan einarbeiten und evtl. noch mit Salz und Pfeffer nachwürzen.

7. In tiefen Tellern servieren.

GEMÜSE-QUICHE

Vorbereitung: 30 Min.
Zubereitung: 65 Min.

Für den Teig:

200 g Weizenmehl
100 g Butter
80 ml Wasser
1/2 TL Salz

300 gekochte Gemüse nach Geschmack, z. B. Möhren, Spinat, Blumenkohlröschen, grüner Spargel usw.

Für die Royal (Käse-Eier-Masse zum Überbacken):

30 g Butter
30 g Weizenmehl
200 ml Milch
200 g Schlagsahne
2 Eier
200 g Greyerzer Käse
Salz
frisch gemahlener Pfeffer
geriebene Muskatnuß

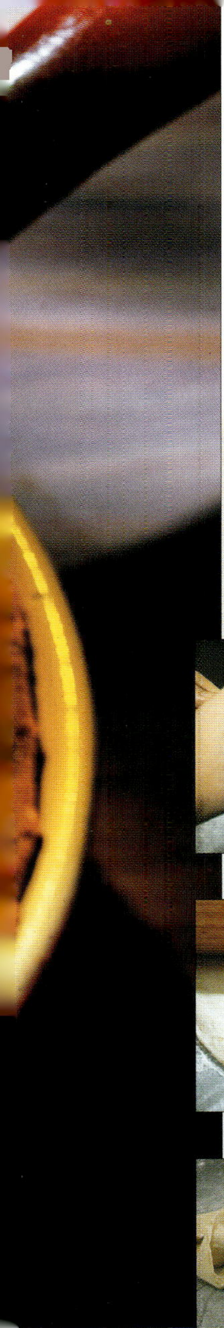

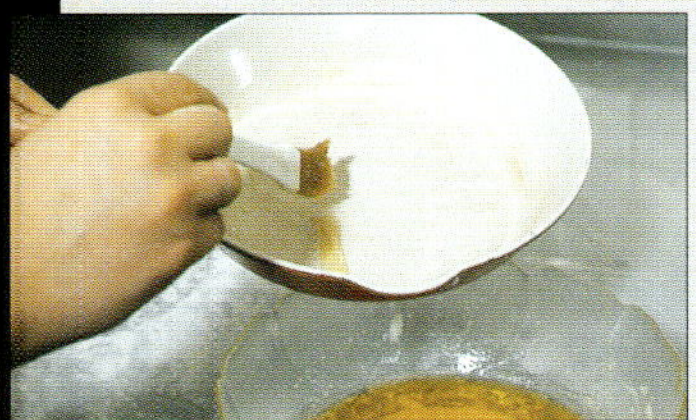

1. Für den Teig Mehl und Butter mischen und mit Gefühl zerreiben und miteinander vermischen.

2. Zu einem Kranz formen und in die Mitte Wasser und Salz geben. Schnell zu einer Teigkugel formen.

3. Kühl stellen und mindestens 1 Stunde durchkühlen lassen.

4. Für die Royal Butter und Mehl farblos andünsten, mit der Milch auffüllen und unter ständigem Rühren zum Kochen bringen. Vom Herd nehmen, erkalten lassen.

5. Mit der Sahne und den Eiern verrühren. Käse zugeben und mit Salz, Pfeffer und Muskat würzen.

6. Mit dem Teig eine gebutterte Backform mit 28 cm Durchmesser auslegen, mit der Gabel leicht einstechen und auf dem Rost im Backofen vorbacken.

Ober-/Unterhitze: etwa 180 °C (vorgeheizt)
Heißluft: etwa 160 °C (nicht vorgeheizt)
Gas: Stufe 2–3 (vorgeheizt)
Backzeit: etwa 20 Minuten.

7. Gemüse darauf verteilen und mit der Royal übergießen. Im Backofen backen lassen.

Ober-/Unterhitze: etwa 180 °C (vorgeheizt)
Heißluft: etwa 160 °C (nicht vorgeheizt)
Gas: Stufe 2–3 (vorgeheizt)
Backzeit: 20–30 Minuten.

T!P **Als Sauce dazu eignet sich gut die grüne Sauce Seite 97.**

Man kann auch Blattspinat und Muscheln oder klassisch Porree und Speck mit der Royal überbacken. **T!P**

Dessert und Käse runden ein Mahl ab. Wir haben hier beides in einem Kapitel zusammengestellt, da sich die süßen und herzhaften Geister bei diesem Thema scheiden.

Aber egal wofür Sie sich entscheiden, Sie werden auf jeden Fall Begeisterung ernten.

DESSERT & KÄSE

CAPPUCCINO-PARFAIT

Vorbereitung: 10 Min.
Zubereitung: 30 Min, ohne Gefrierzeit

Für das Cappuccino-Parfait:

3 Eigelb
70 g Zucker
1 EL lösliches Espressopulver
2 cl Tia Maria
1 Espresso
250 ml (1/4 l) Schlagsahne

125 ml (1/8 l) Schlagsahne
Kakaopulver

1. Alle Zutaten für das Parfait im heißen Wasserbad warm und dann wieder kalt schlagen.

2. 250 ml Sahne steif schlagen, in zwei Portionen unterheben und in große Kaffeetassen 3/4 voll einfüllen und zum Gefrieren in die Tiefkühltruhe stellen. Gut durchkühlen lassen.

3. 15 Minuten vor dem Servieren aus dem Tiefkühlschrank nehmen.

4. 125 ml Sahne mit dem Schneebesen halbsteif schlagen und auf die Tasse geben. Mit Kakaopulver leicht bestäuben.

DREIERLEI SCHOKOLADEN-MOUSSE

Vorbereitung: 30 Min.
Zubereitung: 3 Std.

Für die Kaffeemousse:

3 Blatt weiße Gelatine
175 g weiße Kuvertüre
4 EL lösliches Kaffeepulver
1 Ei
1 Eigelb
3 EL Puderzucker
2 EL Whisky
1 EL Tia Maria
200 ml geschlagene Sahne

Für die dunkle Mousse:

175 g Kuvertüre
1 Ei
1 Eigelb
1 cl Baileys
1 cl Cognac
200 ml geschlagene Sahne

Für die weiße Schokoladenmousse:

2 Blatt weiße Gelatine
175 g weiße Kuvertüre
1 Ei
1 Eigelb
1 EL weißer Crème de cacao
1 cl Bacardi
200 ml geschlagene Sahne

Schokoladenspäne
Fruchtpüree

1. Für die Kaffeemousse Gelatine etwa 10 Minuten in kaltem Wasser einweichen.

2. Kuvertüre in einer Schüssel im Wasserbad schmelzen lassen.

3. Kaffeepulver, Ei, Eigelb, Puderzucker mit Whisky und Tia Maria im heißen Wasserbad aufschlagen. Gelatine gut ausdrücken und unter die warme Eimasse rühren. Mit der geschmolzenen Schokolade vermischen.

4. Kalt schlagen und zum Schluß die geschlagene Sahne unterheben. In eine Schüssel füllen und im Kühlschrank einige Stunden durchkühlen lassen.

5. Für die dunkle Mousse Kuvertüre in einer Schüssel im Wasserbad schmelzen lassen.

6. Ei, Eigelb mit Baileys und Cognac im heißen Wasserbad aufschlagen. Mit der geschmolzenen Schokolade vermischen.

7. Kalt schlagen und zum Schluß die geschlagene Sahne unterheben. In eine Schüssel füllen und im Kühlschrank einige Stunden durchkühlen lassen.

8. Für die weiße Mousse Gelatine etwa 10 Minuten in kaltem Wasser einweichen.

9. Kuvertüre in einer Schüssel im Wasserbad schmelzen lassen.

10. Ei, Eigelb mit Créme de cacao und Bacardi im heißen Wasserbad aufschlagen. Gelatine gut ausdrücken und unter die warme Eimasse rühren. Mit der geschmolzenen Schokolade vermischen.

11. Kalt schlagen und zum Schluß die geschlagene Sahne unterheben. In eine Schüssel füllen und im Kühlschrank einige Stunden durchkühlen lassen.

12. Zum Portionieren große Eßlöffel in heißes Wasser tauchen und damit Mousse in Eiform abstechen und auf Tellern anrichten.

13. Als Garnitur Schokoladenspäne der jeweiligen Moussesorte dazugeben oder auf Fruchtpüreespiegel anrichten.

HILDES WARME KÄSETARTE

Vorbereitung: 15 Min.
Zubereitung: 50 Min.

Für den Boden:

100 g Weizenmehl
50 g Butter
35 g Zucker
1 Eiweiß
1 Prise Salz

Für die Quarkmasse:

250 g Magerquark
1/2 Pck. Puddingpulver
1 Pck. Vanillezucker
60 g Zucker
125 ml (1/8 l) Milch
1 Eigelb
2 EL Pflanzenöl
etwas abgeriebene Zitronenschale (unbehandelt)

1. Für den Boden aus den Zutaten einen Teig kneten, kalt stellen und 30 Minuten ruhen lassen.

2. Eine Form (Ø 20 cm) ausbuttern, den Teig 1/2 cm dick ausrollen und damit die Form auslegen, mit einem 3 cm hohen Rand. Mit einer Gabel mehrmals einstechen. Auf dem Rost in den Backofen schieben.

Ober-/Unterhitze: etwa 200 °C (vorgeheizt)
Heißluft: etwa 180 °C (nicht vorgeheizt)
Gas: Stufe 3–4 (vorgeheizt)
Backzeit: 10–12 Minuten.

3. Aus dem Ofen nehmen und auskühlen lassen..

4. Für die Quarkmasse alle Zutaten bis auf das Öl zusammen in eine Schüssel geben. Mit Handrührgerät mit Rührbesen glattrühren und zum Schuß langsam das Öl einlaufen lassen. Auf den vorgebackenen Boden füllen und fertigbacken.

Ober-/Unterhitze: etwa 170 °C (vorgeheizt)
Heißluft: etwa 150 °C (nicht vorgeheizt)
Gas: Stufe 2–3 (vorgeheizt)
Backzeit: etwa 25 Minuten.

5. Den Kuchen etwas abkühlen lassen, aber noch warm servieren.

T!P **Wenn die Tarte als Dessert serviert wird und man eine Eismaschine hat, kann man dazu gut ein Haselnußeis zubereiten oder aber ein gekauftes Walnußeis servieren.**

Für das Haselnußeis
(ergibt etwa 1 l Eis):

100 g ganze, geschälte Haselnußkerne
600 ml Milch
200 ml Schlagsahne
1 Vanilleschote
1 Prise Salz
8 Eigelb
220 g Zucker
4 cl Haselnußlikör

CRÈME BRULÉE

Gebrannte Vanillecreme mit Zitrusfrüchten

Vorbereitung: 15 Min.
Zubereitung: 40 Min.

Für die Creme:

60 g Zucker
100 ml Milch
1/2 aufgeschlitzte Vanilleschote
200 ml Schlagsahne
1 Prise Salz
5 Eigelb

1 Orange
1 rosa Grapefruit
1 Limone
Minze zum Garnieren

80 g brauner Rohrzucker

1. Haselnüsse auf ein Backblech geben und auf dem Rost in den Backofen schieben die Haselnüsse rösten.

Ober-/Unterhitze: etwa 220 °C (vorgeheizt)
Heißluft: etwa 200 °C (nicht vorgeheizt)
Gas: Stufe 4–5 (vorgeheizt)
Backzeit: 5–10 Minuten.

2. Herausnehmen, abkühlen lassen und mit der Teigrolle zerdrücken.

3. Milch und Sahne mit der aufgeschlitzten Vanilleschote und der Prise Salz aufkochen.

4. Eigelb und Zucker in eine Schüssel geben und mit dem Schneebesen schaumig rühren. Heiße Milch nach und nach einrühren und wieder in den Topf zurückgeben. Unter ständigem Rühren bis auf etwa 86 °C bringen. Wenn der Kochlöffel cremig überzogen ist und beim Abblasen des Kochlöffels eine Blume entsteht, hat die Masse die richtige Temperatur.

5. Gleich vom Herd nehmen und den Topf unter Rühren in kaltem Wasser etwas abkühlen, durch ein Sieb passieren. Die Haselnüsse und den Likör zugeben und in der Eismaschine frieren.

1. Die Hälfte des Zucker in einer Kasserolle karamelisieren und mit der Milch ablöschen. Vanilleschote und Sahne zugeben und mit einer Prise Salz aufkochen.

2. Eigelb mit dem restlichen Zucker schaumig rühren, mit der heißen Milch-Sahne-Mischung begießen und auf höchstens 85 °C erhitzen, durch ein Sieb passieren und in 4 feuerfeste Schale (Suppenteller) verteilen.

3. Die Schalen in eine mit Wasser gefüllte Fettfangschale stellen und in den Backofen schieben.

Ober-/Unterhitze: etwa 160 °C (vorgeheizt)
Heißluft: etwa 140 °C (nicht vorgeheizt)
Gas: Stufe 1–2 (vorgeheizt)
Backzeit: etwa 30 Minuten.

4. Die Masse pochieren, bis die Creme stockt. Aus dem Ofen nehmen und kaltstellen.

5. Orange, Limone und Grapefruit mit einem Messer abschälen und filetieren, so daß die Filets ohne Haut sind.

(Fortsetzung Seite 132)

6. Oberfläche der durchgekühlten Creme mit dem Rohrzucker bestreuen und wenn vorhanden in einem Salamander (wenn nicht im Backofen auf der obersten Schiene nur mit Oberhitze) langsam überbacken, damit der Zucker karamelisiert.

7. Die knusprige Oberfläche mit den Zitrusfilets belegen, mit Minze garnieren und sofort servieren.

TIP Der Garpunkt der Creme wird mit einer Nadel festgestellt. Diese muß beim Herausziehen in der Mitte ohne anhaftende Creme sein.

BAYRISCHE CREME MIT HIMBEER-SAUCE

Vorbereitung: 25 Min.
Zubereitung: 2,3 Std.

Für die Creme:

6 Blatt weiße Gelatine
200 ml Schlagsahne
250 ml (1/4 l) Milch
Mark von 1/2 Vanilleschote
1 Prise Salz
2 Eigelb
60 g Zucker

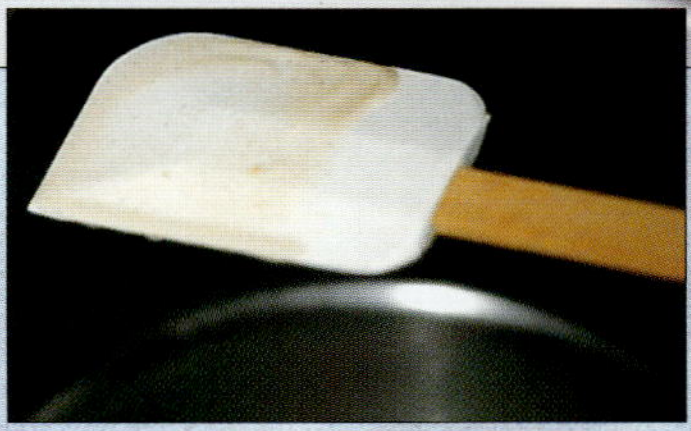

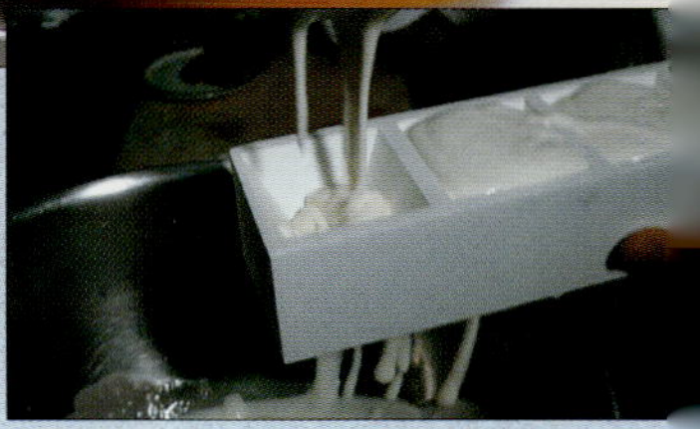

Für die Himbeersauce:

180 g reife Himbeeren
(einige Himbeeren als Garnitur
zurück lassen)
etwa 30 g Puderzucker
je nach Süße der Himbeeren
1 Schuß Himbeergeist

1. Für die Creme Gelatine etwa 10 Minuten in kaltem Wasser einweichen.

2. Sahne steifschlagen.

3. Milch mit der ausgeschabten Vanille und Salz aufkochen.

4. Eigelb und Zucker in eine Schüssel geben und mit einem Schneebesen schaumig rühren. Heiße Milch nach und nach einrühren und alles zusammen wieder in den Topf zurückgeben. Unter ständigem Rühren bis auf etwa 86 °C erhitzen. Wenn der Kochlöffel cremig überzogen ist und beim Abblasen des Kochlöffels eine Rose entsteht, hat die Masse die richtige Temperatur.

5. Gleich vom Herd nehmen, durch ein Sieb passieren, Gelatine gut ausdrücken und hinzugeben.

6. In einem Gefäß mit Eiswasser unter gelegentlichem Rühren abkühlen lassen.

7. Vor dem Festwerden die geschlagene Sahne vorsichtig unterheben.

8. Die dafür vorgesehenen Förmchen mit kaltem Wasser ausspülen und die Masse hineinfüllen.

9. Im Kühlschrank gut 2 Stunden durchkühlen lassen.

10. Vor dem Stürzen die Förmchen kurz in heißes Wasser tauchen.

11. Für die Himbeersauce alle Zutaten zusammen kurz aufkochen und durch ein Haarsieb passieren. Bis zum Servieren kalt stellen.

12. Creme auf den Teller stürzen und die Himbeersauce angießen.

13. Mit einigen frischen Himbeeren und einem Minze- oder Melisseblättchen garnieren.

T!P **Die Bayrische Creme ist eine Grundcreme, die man beliebig mit anderen Zutaten zum Beispiel mit Kirschwasser in eine Kirschwassercreme oder mit einem Fruchtpüree in eine Erdbeercreme oder mit flüssiger Kuvertüre in eine Schokoladencreme verwandeln kann.**

KOKOS-KARAMEL-CREME AUF BLUTORANGEN-CARPACCIO

ergibt 8 Näpfchen

Vorbereitung: 20 Min.
Zubereitung: 85 Min.

Für die Kokos-Karamel-Creme:

160 g Zucker
2 EL Wasser
220 ml Kokosmilch
300 ml Schlagsahne
90 g Zucker
5 Eier
6 cl Batida de Coco

Für das Blutorangen-Carpaccio:

8 Blutorangen
8 cl Grand Marnier

Zitronenmelisseblättchen

1. Zucker und Wasser zu einem braunen Karamel einkochen und in 8 gebutterten Portionsnäpfchen den Boden 1/2 cm hoch ausgießen.

2. Restlichen Karamel mit einer Gabel durchziehen und in der Luft über einer Marmorplatte zu Nestern spinnen.

3. Kokosmilch, Sahne und Zucker langsam erhitzen, bis der Zucker sich aufgelöst hat. Eier mit Batida glattrühren und mit Sahne-Kokosmilch mischen. Auf die Karamelmasse geben. Näpfchen im Wasserbad im Backofen (Fettfangschale zu 2/3 mit heißem Wasser gefüllt) garen.

Ober-/Unterhitze: etwa 150 °C (vorgeheizt)
Heißluft: etwa 130 °C (nicht vorgeheizt)
Gas: Stufe 2–3 (vorgeheizt)
Backzeit: etwa 45 Minuten.

4. Die Creme aus dem Ofen nehmen und kalt stellen. Gut durchkühlen lassen.

5. Für das Blutorangen-Carpaccio Blutorangen mit dem Messer bis ans Fruchtfleisch abschälen. Mit scharfem Messer in hauchdünne Scheiben schneiden und damit den Teller auslegen. Creme vorsichtig mit Küchenmesser vom Rand lösen und auf den Teller stürzen.

6. Karamelnester obenauflegen und das Orangen-Carpaccio mit etwas Grand Marnier parfümieren. Mit Zitronenmelisseblättchen belegen.

T!P

Wem der Spinnzucker zu aufwendig ist, kann die Creme natürlich auch nur mit dem Karamel aus dem Näpfchen servieren. Der Spinnzucker dient lediglich der Dekoration.
Sollten Sie keine Kokosmilch zur Hand haben, kann man auch normale Milch mit Kokospaste (gibt es in der Spirituosenabteilung von Feinkostgeschäften) glattrühren und verwenden.

GEFÜLLTE KARAMELSTRUDEL-BLÄTTER MIT BEERENFRÜCHTEN

Vorbereitung: 15 Min.
Zubereitung: 15 Min.

Für die Grand-Marnier-Creme:

3 Eigelb
100 ml Weißherbst
4 cl Grand Marnier
60 g Zucker
1 Vanillezucker
Saft von 1/2 Zitrone
200 ml Schlagsahne

80 g Strudelteig (aus dem Kühlregal oder selbstgemacht)
Speiseöl
Puderzucker
250 g gemischte Beeren nach Saison und Geschmack, z.B. Himbeeren, Erdbeeren, Heidelbeeren oder Brombeeren
Minzeblättchen

1. Für die Grand-Marnier-Creme Eigelb, Weißherbst, Grand Marnier, Zucker, Vanillezucker und Zitronensaft in einer Schüssel über Wasserdampf mit Schneebesen aufschlagen. Die Creme über Eiswasser kalt schlagen. Sahne steif schlagen und beide Massen mischen.

2. Strudelteig dünn ausziehen, den Teig etwas antrocknen lassen und dann mit einem runden Ausstecher 16 Kreise (Ø 8–10 cm) ausstechen. Kreise auf ein geöltes Backblech legen und mit Öl bepinseln.

Ober-/Unterhitze: etwa 180 °C (vorgeheizt)
Heißluft: etwa 160 °C (nicht vorgeheizt)
Gas: Stufe 2–3 (vorgeheizt)
Backzeit: 5–10 Minuten.

3. Wenn die Strudelblätter goldbraun sind, das Blech aus dem Ofen nehmen, mit Puderzucker bestreuen und wieder in den Backofen schieben und nur bei Oberhitze oder unter dem Grill karamelisieren lassen.

4. Beeren verlesen, evtl. abspülen, trockentupfen.

5. Früchte, Creme und Strudelblätter auf Tellern abwechselnd übereinander schichten. Mit einem Strudelblatt abschließen und mit Puderzucker bestäuben. Mit Minzeblättchen garnieren.

T!P Dieses Dessert kann erst kurz vor dem Servieren angerichtet werden, das sonst der Teig durchweicht und die Karamelstrudelblätter nicht knusprig bleiben.

T!P Die Krokantblätter können auch nur mit Creme, mit Backäpfeln oder mit Filets von Zitrusfrüchten gefüllt werden.

PETITS FOURS VON ZIEGENKÄSE

Vorbereitung: 15 Min.
Zubereitung: 15 Min.

Für die Käsecreme:

2 Blatt weiße Gelatine
200 g Ziegenfrischkäse
Salz, Cayennepfeffer
1 Eiweiß
20 g Zucker
3 cl weißer Portwein

1 große Möhre
4 runde Pumpernickel (Ø 4 cm)
2 EL Pflaumenmus
Pistazienkerne zum Garnieren

1. Gelatine etwa 10 Minuten in kaltem Wasser einweichen.
2. Ziegenkäse mit dem Schneebesen schaumig schlagen. Mit Salz und Cayennepfeffer abschmecken.
3. Eiweiß mit dem Zucker zu festem Schnee schlagen.
4. Gelatine gut ausdrücken und mit dem Portwein erhitzen, damit die Gelatine sich auflöst.

   Schnell unter den Ziegenkäse mischen und den Eischnee unterheben.
5. Möhre schälen, waschen, dünn längs in Scheiben schneiden und in kochendem Wasser blanchieren. Mit einem Tuch trockentupfen, um den Pumpernickelboden wickeln.
6. Käsecreme in einen Spritzbeutel mit Lochtülle geben und zur Hälfte auf die Pumpernickel aufspritzen. Etwas Pflaumenmus darauf geben und wieder mit der Käsecreme auffüllen. Mit einem breiten Messer glattstreichen und mit je einer halben Pistazie garnieren.
7. Im Kühlschrank gut durchkühlen lassen.

T!P Als Getränk dazu eignet sich gut ein edelsüßer Wein.

HUTZLBROT

Vorbereitung: 15 Min., ohne Einweichzeit
Zubereitung: 100 Min.

180 g getrocknete Birnen
100 g getrocknete Pflaumen
125 g getrocknete Feigen
100 g getrocknete Aprikosen
120 g Rosinen
500 ml (1/2 l) Wasser
100 g Roggenmehl
100 g Weizenmehl
70 g Zucker
1 Würfel (42 g) Frischhefe
15 g gemahlener Zimt
1/2 TL Anissamen
2 cl Williamsgeist
120 g Walnußkerne
100 g abgezogene Mandeln
20 g Zitronat
20 g Orangeat

1. Trockenfrüchte in Wasser über Nacht einweichen.

2. Roggen- und Weizenmehl mischen, sieben und in eine Schüssel geben, in die Mitte eine Vertiefung eindrücken und mit etwas erwärmten Einweichwasser der Früchte, dem Zucker und der Hefe einen Vorteig anrühren, etwa 15 Minuten bei Zimmertemperatur stehen lassen.

3. Nach dem Aufgehen des Vorteiges die restlichen Zutaten zugeben und zu einem festen Teig verkneten. Wenn der Teig zu trokken sein sollte, noch etwas vom Einweichwasser zugeben. Den Teig abgedeckt an einem warmen Ort so lange stehen lassen, bis er sich sichtbar vergrößert hat. Ihn dann nochmals kurz durchkneten.

Aus dem Teig kleine Laibe formen. Nochmals gehen lassen, bis sich an der Oberfläche kleine Risse bilden, dann auf ein gefettetes Bachblech legen, in den Backofen schieben.

Ober-/Unterhitze: 180–200 °C (vorgeheizt)
Heißluft: 160–180 °C (nicht vorgeheizt)
Gas: Stufe 3–4 (vorgeheizt)
Backzeit: etwa 45 Minuten.

HANDKÄSE MIT LEISER MUSIK

Vorbereitung: 10 Min.
Zubereitung: 25 Min.

Für das Handkäsetatar:

380 g Handkäse (die Reifestufe ist Geschmacksache)
1 Bund frischer junger Schnittlauch oder Grün von jungen Frühlingszwiebeln
1/2 TL Kümmelsamen
3 EL Distelöl
2 EL Obstessig
3–4 Tropfen Kürbiskernöl
1 Messerspitze scharfer Senf
1/2 TL Zucker
1 Messerspitze Salz
frisch gemahlener Pfeffer

300 g Galantiner Kartoffeln
1 TL Kümmelsamen
1 EL Butter

1. Handkäse in feine Würfel schneiden. Schnittlauch abspülen, trockentupfen, in feine Röllchen schneiden und alles mit den restlichen Zutaten vermischen. 1 Stunde durchziehen lassen.

2. Kartoffeln gut in Wasser abbürsten, da man sie dann auch mit der Schale verwenden kann.

Kartoffeln in Salzwasser mit einigen Kümmelsamen garkochen. Abgießen, etwas ausdämpfen lassen, aber noch warm in 1 cm dicke Scheiben schneiden.

3. Jeweils mit einer Butterflocke belegen und einen Löffel Handkäsetatar bedecken und servieren.

T!P **Die leise Musik ist der Schnittlauch, da sonst der Mainzer Handkäse mit Zwiebelwürfeln zubereitet wird.**

BRIE MIT TRÜFFEL GEFÜLLT

Vorbereitung: 10 Min.
Zubereitung: 15 Min, ohne Kühlzeit

1 kleiner Brie von 400 g
120 g Mascarpone
6–8 EL Olivenöl
20 g schwarze Trüffel
Salz
Cayennepfeffer

1. Brie quer halbieren. Den Mascarpone mit einem Schneebesen verrühren, nach und nach das Olivenöl unterschlagen, bis die Käsecreme fest wird. Mit Salz und Pfeffer würzen.
2. Trüffel in feine Würfel schneiden, unter die Käsecreme rühren.
3. Zwischen die Briehälften geben und im Kühlschrank durchkühlen lassen.

T!P Am besten schon am Vortag vorbereiten, damit sich das Trüffelaroma gut entfalten kann.

Sandwich und Baguette sind die "Turbo-Gerichte" in der Bistroküche. Je nachdem wie wenig Arbeit Sie sich machen möchten, können Sie auch noch das Baguette von Ihrem Bäcker besorgen, dann ist alles im Handumdrehen fertig.

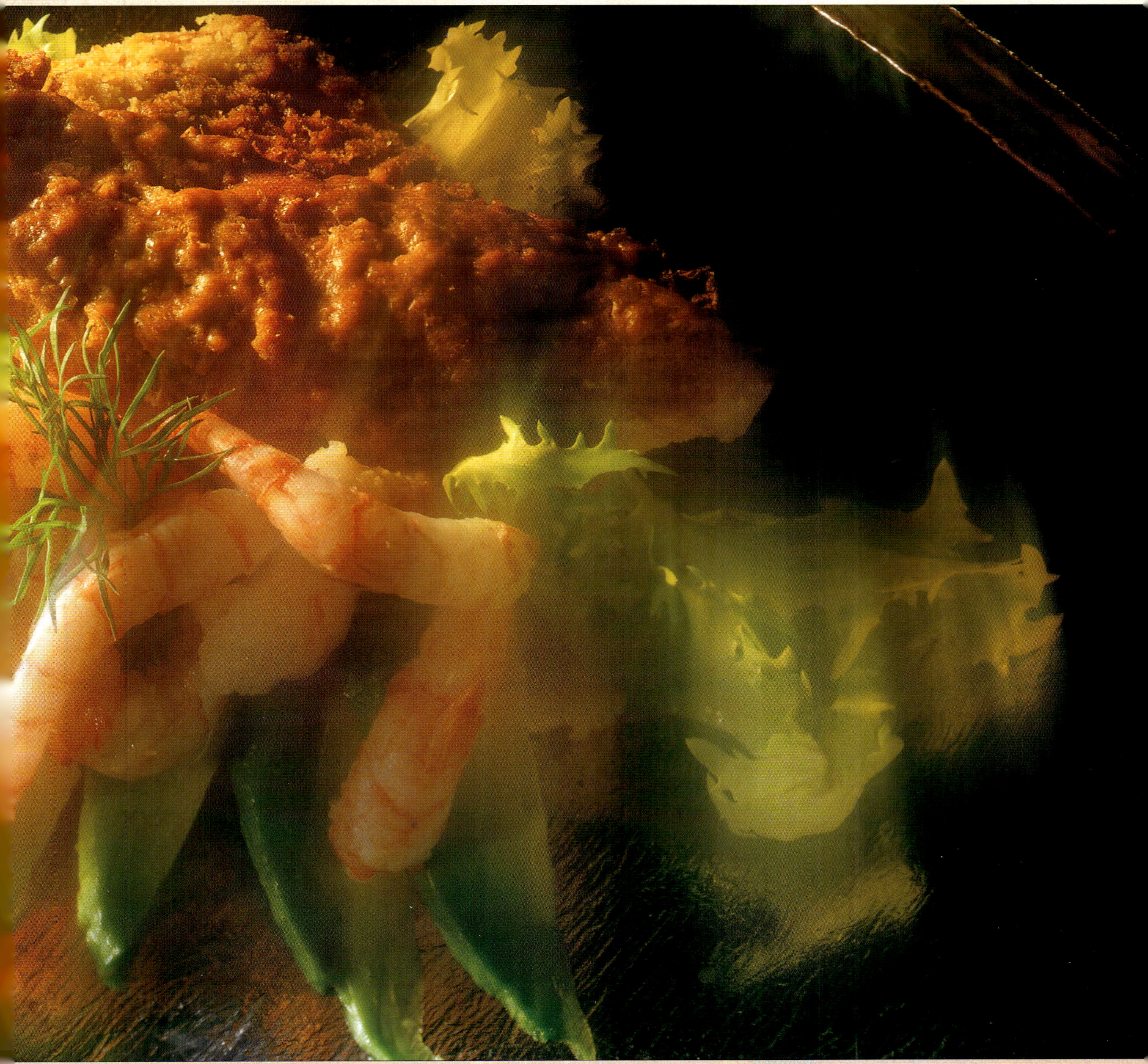

AVOCADO-SHRIMPS-SANDWICH

Vorbereitung: 50 Min.
Zubereitung: 35 Min.

Für den Kartoffelkuchen:

300 g Weizenmehl
1 Päckchen Trockenhefe
2 TL Zucker
1 TL Salz
30 g Butter
200 ml lauwarme Milch
200 g gekochte mehlige Pellkartoffeln
geriebene Muskatnuß
gerebelter Majoran
frisch gemahlener Pfeffer

Für den Belag :

100 g Eisbergsalat
4 EL Mayonnaise
250 g Shrimps
(gefroren oder aus der Lake)
1 reife Avocado
Saft von 1 Zitrone

1. Für das Kartoffelbrot Mehl in eine Rührschüssel sieben, mit der Trockenhefe sorgfältig vermischen. Zucker, Salz, Butter und lauwarme Milch hinzufügen. Die Zutaten mit Handrührgerät mit Knethaken zunächst auf niedrigster, dann auf höchster Stufe in etwa 5 Minuten zu einem glatten Teig verarbeiten, abgedeckt an einem warmen Ort so lange stehen lassen, bis er sich sichtbar vergrößert hat.

2. Pellkartoffeln pellen und durch eine Presse drücken. Den Hefeteig mit den durchgedrückten Kartoffeln mischen und mit Salz, Muskat, Majoran und Pfeffer kräftig würzen. Alles zusammen auf einer bemehlten Arbeitsfläche zu einem glatten, geschmeidigen Teig kneten.

3. Rechteckig auf einem gebutterten Blech etwa 3 cm dick ausrollen und nochmals an einem warmen Ort gehen lassen, bis er sich sichtbar vergrößert hat.

4. Die Teigplatte vor dem Backen mit Wasser bepinseln und in den Backofen schieben.

Ober-/Unterhitze: etwa 230 °C (vorgeheizt)
Heißluft: etwa 200 °C (nicht vorgeheizt)
Gas: Stufe 3–4 (vorgeheizt)
Backzeit: etwa 20 Minuten.

5. Das Blech herausnehmen und etwas abkühlen lassen. In 10 cm große Stücke schneiden und längs aufschneiden.

6. Für den Belag Eisbergsalat putzen, waschen, gut abtropfen lassen und in Streifen schneiden. Mit der Mayonnaise vermischen und mit Salz und Pfeffer abschmecken. Avocado schälen, entsteinen und in Scheiben schneiden.

7. Eisbergsalat auf den Boden des Kartoffelsandwiches verteilen. Shrimps mit etwas Zitronensaft marinieren und mit den Avocadospalten auf den Eisbergsalat legen. Mit dem Deckel belegen.

HAMBURGER VON LACHS UND RIND

Vorbereitung: 30 Min.
Zubereitung: 40 Min.

16 kleine Brötchen

Für das Lachstatar:

300 g Lachsfilet
1 Schalotte
1 EL Olivenöl
Saft von 1/2 Limone
2 Basilikumblättchen, fein geschnitten
1 Prise Korianderpulver
Meersalz
frisch gemahlener Pfeffer

1. Das Lachsfilet gut durchkühlen, damit es sich gut schneiden läßt. Das Lachsfilet in feine Würfelchen schneiden.
2. Schalotte abziehen, fein würfeln, mit den übrigen Zutaten zum Lachsfleisch geben, vermengen.

Für das Rindertatar:

300 g mageres Rindfleisch (ganz frisch, vorzugsweise aus der Hüfte geschnitten)
2 Schalotten
3 Cornichons
nach Geschmack 4–5 Kapern oder 1 Sardelle
1/2 TL Dijon-Senf
2 EL Speiseöl
2 EL kaltes Wasser
1 Messerspitze Paprika, rosenscharf
Salz, Pfeffer

1. Das Rindfleisch gut durchkühlen, damit es sich gut schneiden läßt. Das Fleisch mit einem scharfen Messer zuerst in Scheiben, dann in kleine Würfel schneiden, dann fein hacken.

2. Schalotte abziehen und ebenso wie die abgetropften Cornichons in feine Würfelchen schneiden.
3. Kapern und Sardelle mit dem Messer zerdrücken. Mit den übrigen Zutaten zum Rindfleisch geben, vermengen und abschmecken.

Für die Garnitur:

2 Schalotten
2 Cornichons
40 g Keta- oder Lachskaviar
4 TL Crème fraîche
16 Salatblätter

1. Schalotten abziehen, in feine Ringe schneiden. Cornichons in Scheiben schneiden.
2. Die Brötchen aufschneiden, die untere Hälfte mit einem Salatblatt belegen. Entweder Lachs- oder Rindertatar daraufgeben.
3. Auf das Lachstatar einen Klecks Crème fraîche, Lachskaviar und Schalottenringe geben und mit dem Brötchendeckel bedecken.
4. Das Rindertatar mit Schalottenringen und Cornichonscheiben garnieren.

THUNFISCH-BAGUETTE MIT SPECK

Vorbereitung: 15 Min.
Zubereitung: 10 Min.

240 g Thunfisch naturell (Dose)
2 abgezogene Tomaten
4 Blättchen Basilikum
80 g Mayonnaise
Salz
frisch gemahlener Pfeffer
8 Scheiben Bacon Frühstücksspeck
4 Baguettebrötchen
40 g Butter
8 Kopfsalatblätter

1. Thunfischfleisch abtropfen lassen und etwas zerpflücken.

2. Tomaten entkernen, in 1-cm-große Würfel schneiden. Basilikumblättchen abspülen, trockentupfen, in feine Streifen schneiden. Thunfisch- und Tomatenwürfel mit Mayonnaise vermischen, Basilikumstreifen zugeben. Mit Salz und Pfeffer würzen.

3. Speckscheiben in einer Pfanne kroß ausbraten.

4. Baguettebrötchen längs aufschneiden und mit Butter bestreichen. Die untere Hälfte des Brötchen mit Salatblättern belegen. Thunfischmayonnaise darauf verteilen. Mit je 2 Speckscheiben belegen. Den Brötchendeckel darauf legen.

TIP Man kann den Thunfisch durch gebratene Poulardenbrustfilets und Spalten von reifen Avocados ersetzen.

OLIVENBAGUETTE MIT TOMATE UND MOZZARELLA

Vorbereitung: 10 Min.
Zubereitung: 10 Min.

4 Olivenbaguettebrötchen
(Rezept Seite 149)
4 abgespülte Salatblätter
8 EL kaltgepreßtes Olivenöl
4 Fleischtomaten
4 x 140 g Büffelmozzarella
1 Bund Basilikum
Salz
frisch gemahlener Pfeffer

1. Olivenbaguette quer aufschneiden und mit etwas Olivenöl beträufeln. Mit einem Salatblatt belegen.
2. Fleischtomaten abspülen, trockentupfen, Stengelansätze herausschneiden, in Scheiben schneiden. Den Mozzarella ebenfalls in Scheiben schneiden.
3. Tomaten- und Mozzarellascheiben dachziegelartig auf den Salat legen. Basilikum abspülen, trockentupfen, die Blättchen in Streifen schneiden, auf die belegten Baguette streuen.
4. Mit Salz und Pfeffer würzen und mit dem restlichen Olivenöl beträufeln. Den Deckel des Brötchen darauf legen.

T!P Wem es zu aufwendig ist, die Brötchen selbst zuzubereiten und kein Olivenbaguette bei seinem Bäcker bekommt, kann auch italienisches Ciabattabrot verwenden.

T!P Der beste Büffelmozzarella wird aus Sommermilch von Ende Mai bis Oktober hergestellt.

BAGUETTETEIG

(Teig für 10 Stangen à 90 g)

Vorbereitung: 20 Min.
Zubereitung: 65 Min.

600 g Weizenmehl Type 550
350 ml eisgekühltes Wasser
25 g Salz
30 g Backmalz
42 g Frischhefe

1. Weizenmehl in eine Rührschüssel sieben, die übrigen Zutaten hinzufügen. Alle Zutaten mit Handrührgerät mit Knethaken etwa 10 Minuten verkneten.

2. Den Teig zu einem Kloß formen und 10 Minuten gehen lassen.

3. Den Teig in 10 gleichgroße Teile teilen und zu Stangen formen. Auf ein mit Backpapier belegtes Backblech legen. Die Stangen mit einem Tuch abdecken und an einem warmen Ort 15 Minuten gehen lassen. Das Volumen sollte sich um etwa 2/3 vergrößern, aber nicht mehr als verdoppeln.

4. Vor dem Backen die Brötchen schräg einschneiden, mit Wasser bestreichen. Das Backblech in den Backofen schieben. Auf den Boden des Backofen eine feuerfeste Schüssel mit Wasser stellen.

Ober-/Unterhitze: etwa 250 °C (vorgeheizt)
Heißluft: etwa 220 °C (nicht vorgeheizt)
Gas: etwa Stufe 5 (nicht vorgeheizt)
Backzeit: etwa 20 Minuten.

ABWANDLUNG:

Für Olivenbrötchen 180 g gehackte, schwarze Oliven nach dem Ruhen unter den Teig geben.

Für Currybrötchen 1 1/2 Eßlöffel Currypulver mit in den Teig kneten.

T!P Die Baguettestangen evtl. einfrieren und vor dem Servieren aufbacken.

CURRY HOT DOG

Vorbereitung: 10 Min.
Zubereitung: 10 Min.

4 Hotdog-Würstchen à 80 g
6 Blatt Eisbergsalat
4 Currybaguettebrötchen (siehe Rezept Baguetteteig, Abwandlung Currybrötchen Seite 149)
60 g Essiggurkenscheiben, süßsauer eingelegt
40 g Röstzwiebeln
60–80 g Tomatenketchup (siehe Rezept Seite 22 oder aus der Flasche)

1. Hotdog-Würstchen in heißem Wasser erhitzen, nicht kochen lassen!
2. Eisbergsalat putzen, abspülen, in feine Streifen schneiden.
3. Baguettebrötchen längs aufschneiden, aber nicht ganz durchschneiden. Salatstreifen, Gurkenscheiben und Röstzwiebeln hineinfüllen.
4. Würstchen hineinlegen und mit Ketchup begießen.
5. Evtl. noch etwas Mayonnaise hinzugeben.

T!P **Süßlich-scharfen Senf und geriebenen Meerrettich mit in den Hotdog füllen.**

CLUBSANDWICH

Vorbereitung: 30 Min.
Zubereitung: 15 Min.

Für die Kartoffelchips:

200 g Kartoffeln
500 g Fritierfett
Salz

2 Scheiben Kastenweißbrot
1 Scheibe Vollkorntoast
Butter
gartenfrische Salatblätter
Mayonnaise
1 Tomate in Scheiben
1 Stück Salatgurke in Scheiben
60 g gebratene Putenbrust in Scheiben
4 kroß gebratene Speckscheiben
4 Oliven oder Cocktailtomaten

1. Für die Kartoffelchips Kartoffeln schälen, waschen, in dünne, gleichmäßig 1 cm dicke Scheiben schneiden. In viel Wasser gut wässern, damit sie die Stärke verlieren. Aus dem Wasser nehmen und auf einem Tuch trokkentupfen. Bei 170 °C in der Friteuse etwa 1 Minute goldbraun und knusprig backen. Abtropfen lassen, unter schüttelnder Bewegung salzen.

2. Brot toasten, mit Butter bestreichen. Salat in Streifen schneiden, mit Mayonnaise anmachen. Auf eine der Weißbrotscheiben den Salat geben, mit Scheiben von Tomate, Gurke und Scheiben von Truthahnbrust und warmem, kroß gebratenen Speckscheiben belegen.

3. Den Vollkorntoast obenauf legen und den Vorgang nochmals wiederholen. Mit einer Brotscheibe abdecken, in jede Ecke eine Olive oder Cocktailtomate mit Spieß durch alle Scheiben durchstecken (wir haben auf dem Foto einen Rosmarinzweig verwendet).

4. Mit einem scharfen Messer vorsichtig entrinden und zweimal diagonal durchschneiden. Sandwichecken auf Teller geben und mit frisch fritierten Kartoffelchips servieren.

KÄSEGEBÄCK

Vorbereitung: 10 Min., ohne Kühlzeit
Zubereitung: 40 Min.

140 g Weizenmehl
120 g Butter
100 g geriebener Parmesan
1/2 TL Salz
2–3 EL Wasser
Mohn-, Kümmel- oder Sesamsamen

TIP **Auch geriebener Emmentaler mit etwas Paprikapulver vermischt, schmeckt sehr gut. Man kann auch das Gebäck aufschneiden und mit einer Käsecreme füllen.**

1. Mehl in eine Rührschüssel sieben. Butter, Parmesan, Salz und Wasser hinzufügen. Die Zutaten mit Handrührgerät mit Knethaken zunächst kurz auf niedrigster, dann auf höchster Stufe gut durcharbeiten. Anschließend auf der Arbeitsfläche zu einem glatten Teig verkneten. Kalt stellen und 60 Minuten ruhen lassen.

2. 1 cm dick ausrollen und mit verschiedenen Förmchen ausstechen oder zu kleinen Käsestangen oder Windrädchen drehen. Mit Mohn, Kümmel oder Sesam bestreuen. Backblech mit Backpapier belegen, das Käsegebäck darauf legen und in den Backofen schieben.

Ober-/Unterhitze: etwa 180 °C (vorgeheizt)
Heißluft: etwa 160 °C (nicht vorgeheizt)
Gas: Stufe 2–3 (vorgeheizt)
Backzeit: 10–15 Minuten.

REGISTER

REGISTER

Umwelthinweis

Dieses Buch und der Schutzumschlag wurden auf chlorfrei gebleichtem Papier gedruckt.
Die Einschrumpffolie – zum Schutz vor Verschmutzung – ist aus umweltfreundlicher und recyclingfähiger PE-Folie.

Die Rezepte aus diesem Buch sind – wenn nicht anders angegeben – für 4 Personen berechnet.
Bitte beachten Sie bei Gasherden die Gebrauchsanleitung des Herstellers.

Wenn Sie Anregungen, Vorschläge oder Fragen zu unseren Büchern haben, rufen Sie uns unter folgender Nummer an (0521) 52 06 42 oder schreiben Sie uns.
Wir antworten umgehend:
Ceres Verlag, Rudolf August Oetker KG, Redaktion, Am Bach 11, 33602 Bielefeld

Manuskript Harald Schmitt, Wiesbaden

Fotos Norbert Toelle, Bielefeld

Gestaltung Kontur Design, Bielefeld

Redaktion Carola Reich, Bielefeld

Satz adrupa, Paderborn

Reproduktionen Mohndruck, Graphische Betriebe GmbH, Gütersloh

Herstellung Mohndruck, Graphische Betriebe GmbH, Gütersloh

ISBN 3-7670-0409-7